JN097728

子どもの数学的な
見方・考え方が働く算数授業

2年

全国算数授業研究会
（企画・編集）

2

# はじめに

　いよいよ新しい学習指導要領が実施される。教育課程が変わるということ
は教育理念自体が変わるということであり，これまで行ってきた授業を変え
なければならないということを意味する。

　算数科では，数学的な見方・考え方を働かせ，数学的活動を通して数学的
に考える資質・能力を育成することを目標とした授業の実現が求められてい
る。この中で特に意識すべきことは，目標の書き出しに見られる「数学的な
見方・考え方を働かせ」という表現である。「数学的な見方・考え方」は，算
数科の目標を実現するための前提として示された新たなキーワードである。算
数科の目標は全ての子どもを対象としているということから考えると，子ど
もたち全員が「数学的な見方・考え方」を働かせられるような算数授業が求
められている。つまり，「数学的な見方・考え方」を働かせるのは一部の算数
好きで数学的なセンスを持ち合わせた子どもというわけではない。決して一
部の子どもだけが「数学的な見方・考え方」を働かせるような算数授業であ
ってはならないわけである。では，目の前にいる一般的な子どもが働かせる
「数学的な見方・考え方」を大事にした算数授業とは，一体どのような授業な
のであろうか。本書では，その疑問に対する答えを示すために，第1学年か
ら第6学年までの全単元の算数授業における子どもの「数学的な見方・考え
方」が働く授業の具体に迫ってみた。

　ただ，予めはっきりしているのは，「数学的な見方・考え方」を働かせてい
る子どもの姿は決して特殊な子どもの姿や特別な子どもの姿ではないという
ことである。どこの教室でも普通に見られる子どもの自然な姿の中に「数学
的な見方・考え方」を働かせる子どもの姿が存在していると捉えなければな
らない。我々教師はそのような「数学的な見方・考え方」を働かせている子
どもの具体的な姿を把握し，それを引き出す手立てを講じることができれば，

算数授業の中で意図的に評価し，価値づけることもできるわけである。

　全国算数授業研究会は，これまで「授業を見て語り合う」ことを大事にし，子ども目線から算数授業の在り方を追求してきた。毎日の算数授業で子どもと正面から向き合い，より良い算数授業を求めて真剣に切磋琢磨する授業人による授業人のための研究を蓄積してきたのである。だから，我々は「数学的な見方・考え方」を働かせる子どもの具体的な姿をもっとも身近で見てきたとも言える。そこで，本書では「数学的な見方・考え方とは何か」という概念の整理や抽象化をねらうのではなく，学校現場で日々の算数授業を行う授業人が「数学的な見方・考え方」を働かせている具体的な子どもの姿を共有することを目的とした。その具体を理解し把握できたならば，たとえ初任者の教師であっても目の前にいる子どもの行動や姿の中から「数学的な見方・考え方」として価値あるものを見出すことができるし，価値づけることができるからである。

　なお，本シリーズで紹介した授業実践では，副題にもあるように「どんな姿を引き出すの？」，「どうやって引き出すの？」という2つの視点からポイントを示し，その後で具体的な授業展開を述べている。そこでは教師や子どものイラストを用いて，「数学的な見方・考え方」が発露する対話の具体的なイメージが持てるように配慮した。また，それぞれの「数学的な見方・考え方」を働かせる子どもの姿は，その授業を実践された先生方の子どもの見取りの結果を示しているものでもある。当該の算数授業において，教師が子どものどういうところに着目して授業を構成しているのかということも見えてくるので，多くの先生方にとっても参考になるはずである。

　本書が新学習指導要領で求められる算数授業の実現を目指す先生方にとってお役に立てたならば幸甚である。

全国算数授業研究会 会長　山本良和

子どもの数学的な見方・考え方を引き出す算数授業

2年

# 目次

Contents

# 本書の見方

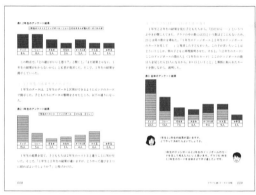

**a**

## どのような見方・考え方を引き出すか

本時で引き出したい数学的な見方・考え方を記載しています。複数ある場合は，特に本時の中心となるものに★マークを付けています。

**b**

## どのように見方・考え方を引き出すか

数学的な見方・考え方を引き出すための手立てを簡単に紹介し，本時の概略と教材の意図を提示しています。

**c**

## 本時の流れ

見方・考え方を引き出すためにどのように授業を展開していくのかを，子どもの姿やり取りに焦点を当て詳述しています。見方・考え方が引き出されている子どもの姿やそのための手立てについては，吹き出しやイラストにしています。

子どもの数学的な
見方・考え方が働く算数授業　2年

# グラフと表
# （データの活用）

お茶の水女子大学附属小学校　岡田紘子

## ◾ 本時のねらい

データを観点に着目して分類整理し，問題の条件を考慮しながら分析することができる。

## ◾ 本時の問題

2年生と1年生がいっしょにあそぶ計画を立てたいと思います。7つのあそびの中から3つにきめます。アンケート結果をもとに，あそびをきめましょう。

## ◾ どのような見方・考え方を引き出すか

文脈や目的がある中で，自分で観点を決めて，データを整理すること。また，データを整理した結果を見て，多面的に考察すること。

## ◾ どのように見方・考え方を引き出すか

2年生と1年生が一緒に遊ぶ活動の計画を題材とした。まず，「1年生に楽しんでもらうこと」を目的として7つの遊びの中から3つの遊びに絞るためのアンケートを取る。アンケートは，1，2年生ともに7つの遊びから遊びたいと思うものを1つ選んで○をつけてもらう。そして，やらないほうがよい遊びがあったら1つだけ×をつけてもよいとする。

次にアンケート結果を集計してグラフを作成し，「1年生に楽しんでもらうこと」を満たす3つの遊びの選出方法を考える。例えば，1年生と2年生のアンケート結果を考察する際，「1年生に楽しんでもらうこと」の文脈に沿って1年生の回答に重きを置いた選び方がある。また，恣意性を極力排除するために1年生と2年生の両方の結果を公平に考えてデータを考察することもできる。1年生と2年生のアンケート結果を別々に集計したものと，1年生

と2年生のすべてのアンケート結果を集計したものとではその順位が異なる場合の判断をどうするかも重要なポイントである。その他，×をつけた回答を考慮すると結果が変わってくると予想される。

　最後に課題の文脈を考慮して，多様な価値観に触れながら問題を解決していく過程を重視することで，データがもっている背景や目的，データを見る観点等の多様性を理解した上で自分の考えをまとめていく。

### ■ 本時の流れ

### 1. 「1年生と一緒に遊ぶ計画を立てよう」

　2年生の1学期，子どもたちは新しく入ってきた1年生に学校の様子を教えてあげたり，一緒に遊んだりする活動をしてきた。その際は教師主導で遊びの内容を決めていたが，2学期は1年生と一緒に遊ぶ計画を子どもたちが中心となって決めることにした。そこで，1年生と2年生からアンケートをとり，その結果を話し合い，一緒に遊ぶ遊びを決めることになった。

　アンケートでは，1年生と2年生の全員が，7つの遊び（ドッジボール，リレー，だるまさんが転んだ，大なわ，かくれんぼ，けん玉，お手玉）の中から1つ遊びたいものを選び，やらないほうがよい遊びがあった場合は×を1つつけてもよいとした。また，アンケートを取る際に，遊ぶ場所と教員の人数の関係で3つの遊びしか選べないことと，この活動の「1年生を楽しませる」という目的についても子どもと確認した。その後，アンケートを実施して集計を行った。

### 2. 「カードをわかりやすく整理しよう」

　まず，2年生のアンケート結果を提示した。子どもたちの理解を促すため，2年生のデータを黒板に貼れる水色のカードにし，視覚的に整理しやすくした。子どもたちにカードを渡して，黒板で整理する時間を取った。2年生のアンケート結果を見て，「ドッジボールが人気だけど……」「同じ数の遊びもあるね」などのつぶやきが聞こえてきた。

表1. 2年生のアンケート結果

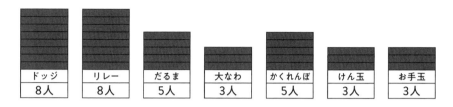

2年生のベスト3 ①ドッジボール・リレー③だるまさんが転んだ・かくれんぼ

| ドッジ | リレー | だるま | 大なわ | かくれんぼ | けん玉 | お手玉 |
|---|---|---|---|---|---|---|
| 8人 | 8人 | 5人 | 3人 | 5人 | 3人 | 3人 |

　この時点で，「どの遊びがいいと思う？」と聞くと，「まだ結果じゃない，1年生の結果がわからないから」とK君が発言した。そこで，1年生の結果を提示していった。

## 3. 「1年生の結果をまとめよう」

　1年生のデータは，2年生のデータと区別ができるようにピンクのカードで提示した。子どもたちにデータの整理をさせたところ，以下の通りになった。

表2. 1年生のアンケート結果

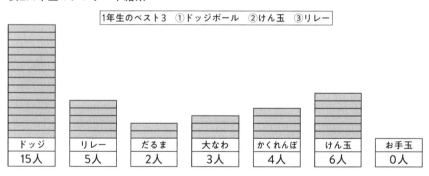

1年生のベスト3　①ドッジボール　②けん玉　③リレー

| ドッジ | リレー | だるま | 大なわ | かくれんぼ | けん玉 | お手玉 |
|---|---|---|---|---|---|---|
| 15人 | 5人 | 2人 | 3人 | 4人 | 6人 | 0人 |

　1年生の結果を見て，子どもたちは2年生のベスト3と違うことに気が付いた。そこで，「1年生と2年生の結果が違いますが，どうやって遊びを3つに絞ればよいでしょうか？」と投げかけた。

## 4. グラフを目的に合わせて作り直す

1年生と2年生の結果を見た子どもたちから、「23だから……」というつぶやきが聞こえてきた。グラフの中の数には23という数はどこにもないため、23とは何の数かを尋ねた。「1年生のドッジボールと2年生のドッジボールのカードを足して……」と発言した子どもがいた。この子が言いたいことはどういうことか、別の子どもに再度説明させた。すると、「（2年生のカード）ここのドッジボールの数8人と（1年生のカード）ここのドッジボールの数15人を足したら23人になるから。8＋15ということ」と黒板に貼られたカードを指しながら、説明した。

**表3. 全体のアンケート結果**

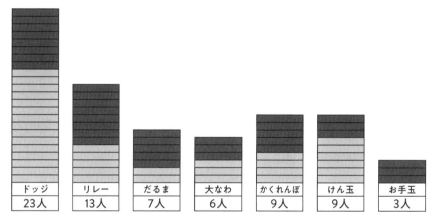

| ドッジ | リレー | だるま | 大なわ | かくれんぼ | けん玉 | お手玉 |
|---|---|---|---|---|---|---|
| 23人 | 13人 | 7人 | 6人 | 9人 | 9人 | 3人 |

1年生と2年生の結果が違いますが、
どうやって決めたらよいでしょうか。

1年生のドッジボールと2年生のドッジボールのカードを足して考えたらいいと思います。グラフも1年生と2年生のカードを合体させて作り直したいです。

子どもたちから1年生のカードと2年生のカードを合体させて1つのグラフにしたいという意見が出たので，カードを並び替える作業を行った。目的に応じて，グラフを作り直していくためにも，カードにしておいたことが有効な手立てとなった。

## 5. 「遊ぶ目的はなんだったかな?」

　1年生と2年生の結果を合わせたグラフを見て，どの遊びに決定するかを問いかけた。アンケートで得票数の多かった1位のドッジボール（23票），2位のリレー（13票）は決まりだという意見が出された後，「けん玉とかくれんぼが同点だからどうしよう」「決められない」という声が聞こえてきた。しかし，3位をどうするか，子どもたちからはいろいろな意見が出た。「2年生だけでもう1回アンケートをとったら？」などの意見がある中，Yさんが「ちょっと待って！」と手を挙げた。Yさんは**「最初に戻るけれど，目的が1年生を楽しませることだから，1年生の票が多い遊びをやる方がいいんじゃないかな」**と言った。別の子も「1年生のためにやるから，けん玉は1年生は6人で，かくれんぼは4人だから，1年生の多いけん玉にしたほうがいいってYさんが言っている」と詳しく説明した。けん玉とかくれんぼは同じ9票だったが，「1年生を楽しませる」という目的に照らし合わせることで，1年生の票に重みを置き，1年生のカードが多いけん玉にしたほうがよいと判断した意見だった。

けん玉とかくれんぼは9人だから同点だね。

目的が1年生を楽しませることだから，1年生の票が多い遊びをやる方がいいんじゃないかな。

## 6.「みんなが納得できる3つの遊びは何かな？」

　最後にやらないほうがいい遊びに×をつけた子どもの票も提示し、「1年生を楽しませる」という目的を加味して下記のような観点の分析が提示され、最終的にドッジボール、リレー、けん玉に決まった。数日後、1年生に決定した3つの遊びを伝え、2年生がリードしながら、1年生と一緒に楽しく遊ぶことができた。

**表4. 各学年の×の数**

|  | ドッジ | リレー | だるま | 大なわ | かくれ | けん玉 | お手玉 |
|---|---|---|---|---|---|---|---|
| 2年生 | 12 | 1 | 1 | 2 | 0 | 0 | 3 |
| 1年生 | 1 | 0 | 0 | 1 | 2 | 0 | 0 |

**【観点①】すべての票数から×の数を引いて考える**

　①リレー　②ドッジボール　③けん玉

**【観点②】1年生の×がないものから選ぶ**

　①けん玉　②だるま　③リレー　④お手玉（この中から決めたらよい）

**【観点③】1，2年生共に×が0個のけん玉を優先させる**

**【観点④】1年生の票を2倍にして多い数で決める**

　①ドッジボール　　②リレー　　③けん玉

　今回は、1年生と2年生の票を同じ1票と考えた時の結果と、1年生の票に重みをつけた結果で順位が変わってくるという事例を取り扱い、どちらが正しいということではなく、分析する観点が変わると結果も変わることを体験させ、文脈や目的に立ち返り考える素養を育むことがねらいであった。このように文脈や目的に沿って結論を導くさまざまな方法を考えさせることで、数値やデータを根拠としたデータの見方や考え方を引き出すことができる。

# 2

## たし算の筆算

高知大学教育学部附属小学校　近藤修史

■ **本時のねらい**

　2位数の加法計算の仕方を考え，その計算ができる。

■ **本時の問題**

　2しゅるいのおかしを買います。だい金はいくらになりますか。

■ **どのような見方・考え方を引き出すか**

　被加数や加数の位ごとの数の大きさに着目するという，十進位取り記数法を活用すること。

■ **どのように見方・考え方を引き出すか**

　本時では，「2種類のお菓子を買う」場面を通して，代金を求める加法計算の式を表出させる。そして，「すぐに代金が求められるたし算はどれ？」と問いかけ，「簡単な加法計算」を選ぶために，一人ひとりがどのような視点から働きかけているのかを見取る。ここでは，「7＋8は『10といくつ』で答えを求めるから……」「20＋10のたし算と同じ仲間は30＋20だ」など，加法計算の分類整理につながる視点をつかむのである。これは，既習である数の仕組みや計算の仕方と結びつけながら問題解決に働きかけている姿である。これらの視点がどの子にも明らかになるように全体に返し，位ごとの数の大きさや繰り上がりの有無に着目して2位数の加法計算の仕方を考える活動へとつなげていく。また，計算の仕方の理解を確かにするために，異なる色のおはじきを用いて被加数と加数を表し，操作を伴わせながら位ごとの数の計算過程を明らかにする。そして，全ての加法の計算に取り組む中で，2位数＋2位数の理解を確かにするとともに，繰り上がりのある加法計算に出合わせていく。

## ■ 本時の流れ

### 1. 「代金を求める式をつくろう」

　本時では、「2しゅるいのお
かしを買います。だい金はい
くらになりますか」と板書し
た後、右の**写真①**を小黒板に
掲示しながら、買い物場面を
想起させた。「ガムとチョコレ
ートを買うよ」「綿菓子とカレ
ーせんべいを買いたいな」「ふ
菓子とあめにしようかな」など

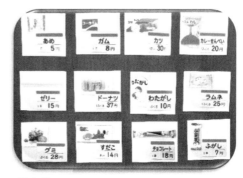

写真①

といった発言が続いていく中、「安いね！」「ぴったりだ！」と代金の見当を
つけている声が聞かれる。それらがきっかけとなり、「既に代金がわかってい
るの？」「わかるよ！」「だって簡単な計算だから！」「どのような計算をした
の？」「代金を求めるのだからたし算をすればよい」といった発言がつながり、
以下のような式が明らかになった。

| | | | | | |
|---|---|---|---|---|---|
| 7 + 8 | 8 + 7 | 8 + 5 | 14 + 5 | 30 + 7 | 20 + 8 |
| 25 + 7 | 14 + 8 | 15 + 5 | 30 + 20 | 20 + 10 | 30 + 15 |
| 20 + 37 | 10 + 30 | 25 + 14 | 14 + 18 | 18 + 28 | 37 + 25 |

### 2. 「どの代金から求めていこうかな」

「すぐに代金が求められるたし算」を視点とし、上記の式を分類整理する活
動に取り組ませた。子どもは、「被加数」「加数」の大きさや、それぞれの数
の構成に着目し、既習の計算と関連付けたり、それらの発展として捉えたり、
2位数同士の加法計算の中に繰り上がりの有無を見つけたりしていった。

すぐに代金が求められるたし算はどれかな？

 7＋8が簡単！　だって，10より小さい数同士のたし算だからね。

 30＋20の答えもわかる！　10円玉で考えると，3枚と2枚で5枚！　だから50円。

 どの代金から求めていこうかな？

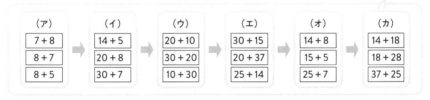

（ア）
7＋8
8＋7
8＋5

（イ）
14＋5
20＋8
30＋7

（ウ）
20＋10
30＋20
10＋30

（エ）
30＋15
20＋37
25＋14

（オ）
14＋8
15＋5
25＋7

（カ）
14＋18
18＋28
37＋25

　場面①では，一人ひとりが何に着目しながらたし算を分類整理しようとしているのかをわかり合うことが大切である。それぞれの発言の中に，「位ごとの計算」「繰り上がる場合の計算の仕方」などといった本単元で学ぶ内容にせまる視点が潜んでいるからである。

　授業の実際では，「（ア）のたし算が最初なのはみんな納得！」「次は（イ）のたし算だよね」「待って！　（オ）のたし算は（イ）のたし算と同じ仲間だと思う……」「2桁＋1桁だからね」「でも，（オ）には繰り上がりがあるよ」「繰り上がりがあるかどうかで見ると（イ）と（オ）は別の仲間になりそう」などといったやり取りを通して，「繰り上がり」が加法計算の分類整理の視点となった。また，「（ウ）（エ）（カ）はどれも2桁＋2桁だけれど……」「（ウ）が簡単！」「十の位のたし算だけでいいからね」「（カ）は位ごとのたし算が大変」などといったやり取りを通して，「位ごとの計算」も分類整理の視点となった。

このように，一人ひとりの気付きや思いを価値付け，たし算を分類整理する際に働きかける視点としていくことで，既習の計算の仕方を確かにしたり，未習の問題を発見したりする姿を見いだしていく。視点を明らかにしながら学習対象を分類整理する活動は，子ども自らが，主体性を発揮しながら問題発見力を身に付けることにつながっていく。

### 3.「これまでのたし算とどこが違うのかな」

　子どもたちは，「7＋8＝15，8＋5＝13！　繰り上がりに気を付けないとね」「14＋5＝19，20＋8＝28！　一の位同士を足せばよいね」「30＋20＝50，10＋30＝40！　何十同士のたし算だけれど，10がいくつあるのかを考えれば計算できるね」などと，既習の学習内容を想起し，それらの計算方法を確かめ合いながら，整理した順でお菓子の代金を求めていった。

　「25＋14」に出合ったとき，「簡単だよ」といった声に交じって「ぱっと計算しづらいなあ……」というつぶやきが聞かれた。それをもとに，「なぜ，計算しづらく感じるのかな？」と問いかけた。「どちらの数も数が大きいから難しい……」「でも，30＋20の答えはすぐに求めることができたよ」「今までのたし算とどこが違うの？」「30＋20は3＋2をすればよかったけれど，25＋14には4つの数がある……」などといった対話を通して，少しずつ「計算のしづらさ」の原因が明らかになり，全体の「問い」になっていった。

　すると，「なぜ計算しづらいと感じているのかわかった！」「2＋1と5＋4の2つのたし算をしないといけないから計算しづらいと感じたんだと思う」「14＋5のときのように位ごとの計算をすれば簡単に解決できるよ」などと，「すぐに計算できる」という立場であった子どもから，困難さを抱えている友だちに共感する発言が返ってきた。

### 4.「『位ごとの計算』の意味を確かめよう」

「位ごとの計算」の意味を確かにするため，色の異なるおはじきを用いて被

加数と加数の大きさを構成的に捉えさせた。そして，位取り板を活用しながら，位ごとの計算の意味を明らかにするとともに，操作したことを言葉で表現させることに取り組ませた。

おはじきを使って25と14を表すことができるかな?

25   14

確かにおはじきは25＋14になってるけれど……
たし算するのが大変だな……。

2色のおはじきで表わすことができるよ。

黄色のおはじきが10，赤色のおはじきが1を表すね。

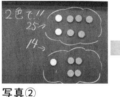

写真②

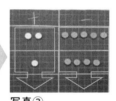

写真③

2＋1は十の位のたし算のこと。だから20＋10＝30

　場面②では，被加数・加数ともに位ごとの数に着目し，その大きさを構成的な見方から捉え直すことが大切である。授業の実際では，「25を表すためには，おはじきが25個必要」「たくさんあるから黒板に表すことが大変……」「おはじきを使って十の位と一の位に分けて表すと……」「十の位に2個，一の位に5個使えば……」「わかりやすいように十を表すおはじきと一を表すおはじきの色を変えよう」(**写真②**が完成)などといったやり取りを通して，数

を構成的な見方から捉えようとする姿が広がった。

　このような活動を通して，「2＋1は十の位の計算」「5＋4は一の位の計算」と見ることができるようになり，どの子にも「位ごとの計算」の意味が明らかになっていく。

## 5.「位ごとの計算の仕方を確かにしよう」

「『位ごとの計算』を使うと30＋15や20＋37もできそう」という見通しをもとに，まだ解決していないたし算に取り組んだ。そして，下記のように，2色のおはじきを用いて計算の過程を位取り板に表させ，操作を言語化することを通して，その理解を確かにしていく。

|  | 30 + 15 |  |
|---|---|---|
|  | 十の位 | 一の位 |
|  |  | ●●● |
|  |  | ●● |
|  |  | 5 |

|  | 20 + 37 |  |
|---|---|---|
|  | 十の位 | 一の位 |
|  |  | ●● |
|  |  | ●●● |
|  |  | ●● |
|  |  | 7 |

|  | 14 + 15 |  |
|---|---|---|
|  | 十の位 | 一の位 |
|  |  | ●● |
|  |  | ●●● |
|  |  | ●● |
|  |  | 9 |

十の位の計算。
3＋1＝4⇒40
一の位の計算。
0＋5＝5
40と5で45

十の位の計算。
2＋3＝5⇒50
一の位の計算。
0＋7＝7
50と7で57

十の位の計算。
1＋1＝2⇒20
一の位の計算。
4＋5＝9
20と9で29

「位ごとに計算すれば14＋18もできる」という声がきっかけとなり，ノートに2色のおはじきの図を表そうとする姿が見られた。そのような中，「だめだよ，一の位の計算の答えが10を超える……」「繰り上がるってこと？」などと確かめ合う姿が生じ，「繰り上がりのある2桁＋2桁の計算の仕方を考えること」が，次時の学習課題につながった。

# 3

## ひき算の筆算

大阪府豊中市立大池小学校　直海知子

### 本時のねらい

　繰り下がりのある2位数のひき算の筆算を1位数の計算の方法を使って計算することができる。

### 本時の問題

　ひろこさんは，45円もっています。□円のチョコレートを買います。のこりのお金はいくらですか。

### どのような見方・考え方を引き出すか

　十進位取り記数法の見方・考え方と筆算の仕方を関連付け，筆算の有用性に気付くこと。また，既習の1位数の計算の見方・考えを広げ，2位数の計算ができることに気付くこと。

### どのように見方・考え方を引き出すか

　まず，□円を14円とし，筆算で計算させる。その際，計算の過程をブロックなど半具体物の作業と連動させて説明させる。次に□円を15円とし，筆算で計算させる。さらに□円の数値を16円とする。子どもたちが45－16は45－14や45－15と違い，「繰り下がりがあるから引けない」など声が出て，活動が止まることが予想される。そこで「1年生の時に勉強した1桁のひき算だったらできるのではないか」という見方・考え方を引き出す。その際，引く数「16」を10と6に，引かれる数「45」を30と15に数を分けて計算する見方・考え方を使うと，15－6の計算となり，2位数の計算が既習の1位数の計算になることに気付かせる。

　そして一連の作業は筆算形式でも同じように考えられることに気付かせる。

## ■ 本時の流れ

### 1. 「どれが一番簡単な計算かな」

次のような問題を提示する。

> ひろこさんは，45円もっています。□円のチョコレートを買います。のこりのお金はいくらですか。

子どもたちと問題場面がひき算であることを確認したら，「チョコレートの値段は14円です」と伝え，横の式で立式させる。計算はまだしなくてもいいことを伝える。

$45-14$

次に「チョコレートの値段が15円だったらどんな式になりますか」と問い，同じく横の式で立式させる。

$45-15$

さらに「チョコレートの値段が16円だったらどんな式になりますか」と問い，横の式で立式させる。

$45-16$

3つ式が並んだところで，「どれが一番簡単な計算かな。選んだ式の横に丸を付け，その理由をノートに書こう」と言う。『簡単な』の中身は子どもによってさまざまであるが，ここでは一の位の計算に着目した考えで述べられている意見を価値付けるようにする。「2つ選んでいい？」という子どもには「2つもあったの？　すごいね」と2つ選んだ理由を書かせる。

今後の学習では1桁から2桁，3桁へ，単純から複雑へと計算指導は続いていくが，その度に，学習したことと比較し，どこが同じでどこが違うかを比較して考えるようにしていきたい。その際，一の位や十の位などの用語は正しく使えるように留意したい。一番簡単な計算を選ばせることで，未習で繰り下がりがある45－16が残ることが予想される。

どれが一番計簡単な計算かな？

 45－14が一番簡単です。なぜなら，十の位も一の位もそのまま引けるからです。

 45－15も簡単です。一の位が0になるし，十の位もそのまま引けるからです。

　そこで45－14，45－15を筆算で計算させる。そして，計算が簡単な理由をブロックなどで作業させながら，説明させる。

## 2. 「一の位が引けないひき算はまだ習ってなかったね」

　次に残った45－16について考える。

　残った理由について「45－16を選んだ人は少ないね。どうしてかな？」と聞くと「一の位が引けないからです」という答えが返ってくるだろう。そこで「そうか。一の位が引けないひき算はまだ習ってなかったね」と言うと，子どもたちは「1年生で習ったよ！」「できるよ！」と声が上がる。「1年生で習った一の位が引けないひき算はどんな式だった？」と聞き，いくつか式を思い出させ，ノートに書かせる。そして発表ノートに書いた式を発表させて黒板に書いていく。

　12－3，15－7，14－6……そして15－6を書いた子どもを発表させる。

　次に「このひき算の中で45－16の式と似ているひき算はないかな？」と45－16の式を筆算で書いて，考えさせる。

## 3.「今まで習った計算を使って考えてみよう」

45 − 16 と似ている 1 年生で習ったひき算の式はないかな？

15 − 6 が似ているよ。

どこが似ているのかな。考えてみましょう。

1年生で学習したひき算を筆算形式で表し，45 − 16 と比較して考える時間を持つ。

　　4 5
−　1 6

　　1 5
−　　6

15 − 6 は 15 を 10 と 5 に分けて，10 から 6 を引いたね。

45 − 16 も 45 を 30 と 15 に分けると同じようにできそうだな。

引く数の 16 も 10 と 6 に分けて 6 から引くと 15 − 6 の式がみえるね。

　ブロックなどで考え方を可視化し，1 年生の繰り下がりがあるひき算と同じ考えで解決できることに導く。その上で筆算での表現方法と結びつける。

## 4.「45－16を筆算で表そう」

$$\begin{array}{r} 4\,5 \\ -\,1\,6 \\ \hline \end{array}$$

45－16を位を縦にそろえて書く。

$$\begin{array}{r} {\scriptstyle 3} \\ \cancel{4}\,5 \\ -\,1\,6 \\ \hline \end{array}$$

5－6は引けない。十の位の40を10と30に分ける。すると十の位は40から30に，一の位は15になる。
→十の位から1繰り下げる。

$$\begin{array}{r} {\scriptstyle 3}\ {\scriptstyle 10} \\ \cancel{4}\,5 \\ -\,1\,6 \\ \hline 9 \end{array}$$

一の位は15－6＝9

十の位は1繰り下げたので3

$$\begin{array}{r} {\scriptstyle 3}\ {\scriptstyle 10} \\ \cancel{4}\,5 \\ -\,1\,6 \\ \hline 2\,9 \end{array}$$

十の位は3－1＝2

数を分けて計算すると，習ったひき算に直すことができました。

## 5. 一の位から計算するよさを確認する

　最後に位をそろえて一の位から引くよさを確認して十進位取り記数法に基づく数概念の理解を深める。そのため，次のような発問をした。

十の位から計算することはできるかな?

それはできないと思います。

$$\begin{array}{r} 4\,5 \\ -\,1\,0 \\ \hline 3\,5 \end{array}$$

十の位から計算すると
まず16の10だけ40から引いて
$45 - 10 = 35$

$$\begin{array}{r} {}^{2}\!\!\!\not3\,{}^{10}\!\!5 \\ -\quad\ 6 \\ \hline 2\,9 \end{array}$$

次に残った35から16の6を引くので,
十の位から1繰り下げて $15 - 6 = 9$

 筆算を2つすると十の位から計算することもできるね。

でも, とても面倒！ 一の位から計算する
と, 1度で計算することができます。

　筆算は1つの方法だけ教えてあとは繰り返し練習になりがちであるが, タイルやブロックの操作と関連付けたり, 大きい位から計算したりして, その構造を学ぶことが, 3年生のかけ算や4年生のわり算の筆算の学習へつながっていく。筆算を完成したものとして子どもに提示するのではなく, いろいろ試行錯誤してつくっていく過程で数に対する見方・考え方を育てたい。「筆算って便利だね」というよさを子どもが感じられることが大切である。

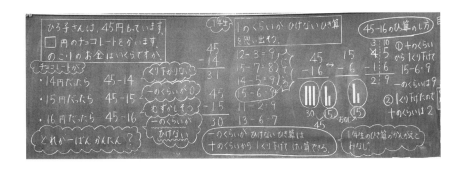

# 4

## 長さを調べよう

東京都教育庁指導部　毛利元一

### ■ 本時のねらい

　長さ調べを通して普遍単位の必要性を捉え，身の回りにあるものの長さを正しく測定することができる。

### ■ 本時の問題

　ミニトマトのせい長のようすを，わかりやすくまとめましょう。長さをどのようにあらわせばいいかな。

### ■ どのような見方・考え方を引き出すか

- ものの長さを，紙テープ等に写し取り，調べること。
- ものの長さを，単位をそろえて，そのいくつ分かで表すこと。

★いつでも，どこででも，誰でも同じ結果となる普遍性を見いだすこと。

### ■ どのように見方・考え方を引き出すか

　子どもたちは，第一学年で，長さ，広さ，かさなどの量を直接・間接で比較することや，任意単位で比較することを学習している。そこで，長さ比べの学習を活用して，生活科で育てるミニトマトの大きさ（以下，長さとする）を調べる活動を，合科的な学習として設定した。

　まず，ミニトマトの長さは，ブロックなどを並べて測ることが難しいことから，いったん紙テープに置き換えて調べる必要性を感じさせる。

　次に，紙テープはミニトマトの実測の結果を表すことはできても，どのくらいの長さなのかを観察カードに記録するには適さないことから，ブロックや消しゴムなどの身近なものを単位として，数値化して記録することの有用性を感じさせる。

最後に，単位としたブロックや消しゴムなどの大きさの違いから，身近な
ものを単位とした数値化では，「いつでも，どこででも，誰でも」同じ結果と
ならないことを見いださせ，共通の単位の必要性を捉えさせる。併せて，今
後，ミニトマトの成長を観察していくに当たり，テープに置き換えてから長
さを調べるよりも，もっと簡単に長さを調べることができないかを話題にし，
計器（大部分の子どもは，ものさしを既に知っている）を取り上げる。そし
て，ものさしでのcmを単位とした数値化を確認するとともに，その良さを
共有し，身近なものの長さをcmを使って調べようとする意欲を高める。

### ■ 本時の流れ

### 1. 「長さを調べておくといいよ」

　第二学年の生活科では，植物の変化や成長の様子に関
心をもてるように，ミニトマトを育て，その成長を観察
する活動が多くみられる。

　ミニトマトの観察に当たって，色や形とともに，その
長さを調べることで，成長の様子を捉えることができる
ことを話し合った。

> 観察カードには，どのようなことを，かいておくといいかな。

 成長の様子がわかるよう
にするには，どうすればい
いかな。

長さをかいておくと，ど
れだけ長くなったかが
わかるよ。

ミニトマトの身体測定みたいだね。

　数学的活動においては，「日常生活の問題を数学的に表現した問題にする」
ことが，授業づくりの大切なポイントとなる。

　ミニトマトの成長の様子をわかりやすくまとめるためには，色や形だけでな
く，その長さに着目させ，変化を記録していくことが効果的であることを，日

常生活とも関連付けて話し合わせたことで,「長さ調べ」の算数の問題（数学的に表現した問題）として設定することができた。

## 2.「上手にはかることができないよ」

ミニトマトの長さを調べよう。

事前に植えたミニトマトを提示し，その長さをどのように調べればいいかを話し合った。子どもたちは，これまで使ったブロックや消しゴムを使って調べようとするが，地面が平らでないので上手にブロックを積めなかったり，枝葉が曲がっているので測りにくかったりしている。

そこで，第一学年の長さ比べの学習や日常生活を振り返らせ，長さを他のものに写し取るほうが，測りやすいことを共有することとした。

上手にはかることができないよ。

テープに印をつけてから，
長さをはかればいいね。

支柱を使うとはかりやすいよ。

Aさんは，第一学年の長さ比べで使用した紙テープを使って，長さを写し取ろうとしたが，まっすぐにして印をつけるのが難しいようだ。すかさず，Bくんが，支柱を使って長さに印をつけ，その後に紙テープで長さを写し取るアイデアで手助けをしている。このように，観察に必要な計測の仕方について，既習の内容や日常生活とも関連付けて考える場面を設定することで，生きて働く知識として育むことが大切である。

さて，ミニトマトの長さを写し取った紙テープを全員に配り，その結果を観察カードに表す段階になったとき，困ったことが起こった。紙テープの長さが，観察カードの絵をかく枠に収まりきらないのである。「紙テープを，そ

のままはることはできないよ」との声が聞こえる。

## 3. 「ブロックでは7個，消しゴムでは4個……長さがはっきりしないよ」

　紙テープのままでは，これからどんどん成長するミニトマトの長さを観察カードに記録することができないことに気付いた子どもたちは，紙テープの長さを，ブロックや消しゴム，鉛筆などの身近なものを使って，そのいくつ分かで表すことにした。

　ミニトマトの長さの表し方を考えよう。

　このように任意のものを単位として，そのいくつ分かで量の大きさを表すことは，第一学年で既に学習していることである。ここでは，「だいたいブロックの7個分」という発言を取り上げ，「1年生で勉強したように，長さを数で表すことで，わかりやすくなったね。これで解決したね」と，これまでの学習をしっかりと活用できたことを大いに褒めて，価値付けることにした。

　しかし，「消しゴムだと4個よりちょっと短い」「鉛筆1本と同じ」と，子どもによって，使っている単位が違うことが問題となった。「長さがはっきしないね」「どの表し方がいいのかな」と，徐々に焦点化されていった。

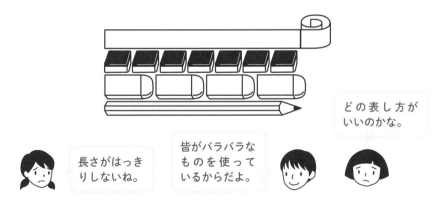

どの表し方がいいのかな。

長さがはっきりしないね。

皆がバラバラなものを使っているからだよ。

　同じ長さであっても，それぞれが異なるものを単位にして計測すると，結果の表し方が変わり，共通の話し合いが成立しない。この不便さを感じさせ

るために，一人ひとりが身の回りのものを使って数値化する場面を設定した。さらに，バラバラの表し方から，「どの表し方がいいのか」と，普遍単位の必要性に問題を焦点化するようにした。

## 4. 「みんなが同じものを使えば便利だね」

「ブロック7個」「消しゴム4個」「鉛筆1本」の結果について，「消しゴムや鉛筆は，人によって大きさが違う」ということが問題になった。また，「ブロックなら，全員が持ってるからいいね」という意見がある一方，「ブロックにも，いろいろな大きさがあると思う」「いつもブロックを持ってないよ」など，否定的な意見も多かった。

さらに，「ミニトマトを観察するとき，毎回，支柱と紙テープに印をつけて，ハサミで切って，ブロックで測るのは面倒だ」という声まであがった。

そこで，一旦，子どもたちの意見を整理することにした。

ものの長さを測るためには，どんなことが必要かな。

それぞれの欠点から，ものの長さを測るための条件として，「同じものを使

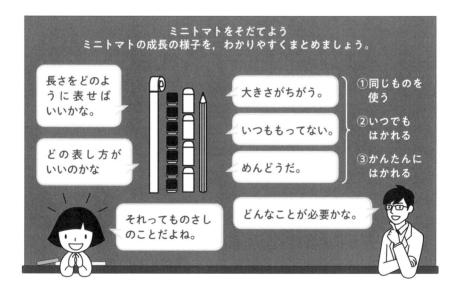

う」「いつでも測れる」「簡単に測れる」の３つにまとめることができた。

　さて，ものさしを提示するタイミングは難しい。ほとんどの子どもが，既にものさしを知っており，ものさしを使ったことがある子どももいる。ものさしの有用性を実感させるために，長さを測る際に必要なことを話し合う場を設定したことで，「それって，ものさしのことだよね」という言葉を自然に引き出すことができた。その後，ものさしを提示し，その使い方を説明した。１目盛りが１cmで，センチメートルと読むことを伝えると，子どもたちは既に，cmの単位を知っており，「ボクの背の高さは120cmだよ」などの声が聞こえる。また，「１cmって，こんなに小さかったんだ」と驚いている子どもや，「ものさしのcmを使えば，いつでも長さをはかれるね」「もっと，いろいろなものの長さをはかってみたいな」と，長さ調べの学習を楽しみにしている子どもがいる。最後に改めて，ミニトマトの長さを写し取った紙テープを，ものさしで測り，14cmであることを確認した。「ミニトマトは，何cmぐらいまで長くなるのかな」「30cmを超えちゃうかもね」と，長さとその変化に着目した関心・意欲をもたせることができた。

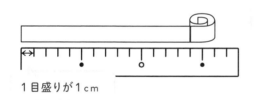

１cmが14個で，
14cmと言います。

１目盛りが１cm

　なお，ミニトマトはすくすくと育ち，赤い実をつけていった。子どもたちは，毎日の水やりとともに，ものさしを使っての長さ調べも楽しく行い，その成長の早さにびっくりしていた。

# 5 かさ

福岡県川崎町立川崎東小学校　奥拓也

## ◢ 本 時 の ね ら い

　2つの水筒に入る水のかさの比べ方を考える活動を通して，水筒に入る水のかさの大きさを表現したり，比べたりする。

## ◢ 本 時 の 問 題

> さきさんの水とうには，コップで4はい，たくやさんの水とうには，コップで10ぱいの水が入っていました。2人の水とうに入る水のかさをくらべましょう。

## ◢ どのような見方・考え方を引き出すか

- 2つの水筒の水のかさを比べる時，別々のコップでは，比べることができない。別々のコップではなく同じコップでそろえること。
- 同じコップのいくつ分だったら比べることができるということ。
- 普遍単位を用いることの必要性に気付かせること。

## ◢ どのように見方・考え方を引き出すか

　水筒の中の水のかさを量るには，同じコップでないと比べることができないという場面を子どもたちに見せればよい。そのために，単位となる1つ分のコップが違うと，比べられずに困ることになるという数学的活動を行い，困難さを子どもたちに味わわせたい。そこで，100円ショップで2つの水筒を買ってきて，2つの水筒の中の水のかさを比べる場面を子どもたちと一緒に設定したい。

　「なぜ細い水筒の方がコップの数では上回っているのか」その理由を子どもたちに寄り添って「なぜ，そう思うのか」「どういうことなのか」と問い，

子どもの言葉をじっくりと聞いて価値付けていきたい。

## ■ 本時の流れ

### 1. 「どちらが多く入るか比べてみよう」

あしたは運動会です。水とうを　わすれないようにしましょう。
どのくらいの　大きさの　水とうを　もって　来ようかな。あとで，電
話するね。

という場面を紙芝居をつくって子どもたちに提示した。

　私は，問題設定を子どもと共につくることに価値があると思う。問題設定
は数学的見方・考え方の宝庫であるので，時間をかけてもそれに見合う価値
がある。

　そこで，100円ショップで購入した2つの水筒
を用意し，それぞれの水筒を水でいっぱいに満た
し，実際に子どもたちとふたのコップで何杯分か
数えてみた。代表の子どもに黒板の前に出てきて
もらい，一緒に「1杯，2杯，3杯，4杯」と数

えていった。さきさんは，「私の水筒は，コップで4杯あったよ」と確認する。
たくやさんは，もう1つの水筒も同じように数えていった。今度は，コップ
が小さいので，思いのほか時間がかかる。
「1杯，2杯，3杯，4杯……10杯」ここは活動が入るので，子どもたちに
とっては楽しい時間である。たくやさんは，「僕のは，コップで10杯だよ」
と確認した。ここで，さきさんと，たくやさんの2人の子どもに，運動会前
日に電話をしているという設定で役割演技をしてもらった。
「もしもし，私の水筒はコップで4杯あったよ」
　電話を持つ演技をしながら，少し可愛い様子である。
「僕の水筒は，コップで10杯だよ」

「僕の水筒の方が，大きいのかな。あれ？」

「さきさんの水筒の方が大きく見えるけど」

　そこで，2つの水筒を実際に並べて子どもたちに提示した。

「あれ，たくやさんの水筒の方が細いのに，たくやさんの水筒の方が，コップの回数が多いね」

「さきさんの水筒の方が，大きいように見えるけど，さきさんの水筒は4杯しかないよね」

　見た目では，さきさんの水筒の方が大きいのに，たくやさんの水筒の方が，コップの回数が多いということに不思議がる子どもたち。

## 2.「どうしてこんなことが起きたのかな？」

　そこで，どうしてこんなことが起きたのか子どもたちに尋ねてみた。

 でも，どうしてこんなことが起きたのかな？

さきさんのコップより，たくやさんのコップの方が小さいから，たくやさんの方が，かさが大きいと思うな。

さきさんは，コップが大きいから4杯になるんだよ。たくやさんは，コップが小さいから10杯になるんだよ。

　これを次のような表に整理した。

| コップ | さきさんの水筒のかさ | たくやさんの水筒のかさ |
| --- | --- | --- |
| さきさんのコップ | 4はい | |
| たくやさんのコップ | | 10はい |

## 3. 「さきさんの水筒のかさも，たくやさんのコップで量るといいよ」

そこで，本時の問題である，

> さきさんの水とうには，コップで4はい，たくやさんの水とうには，コップで10ぱいの水が入っていました。2人の水とうに入る水のかさをくらべましょう。

という問題を提示した。すると，途端に，「同じじゃない！」とつぶやく子どもがいる。

 同じじゃない！

 どういうこと？

先生，同じコップじゃないと比べられないよ。

 Aさんの言ったことを隣同士で話し合ってみて？

先生，同じコップじゃないと比べられないのだったら，さきさんの水筒のかさも，たくやさんのコップで量るといいよ。

　私がすかさず，「どういうこと？」と尋ねるとA児は「先生，同じコップじゃないと比べられないよ」と返答する。私は，「ちょっと，Aさんの言ったことを隣同士で話し合ってみて？」と問うと，B児は突然，「先生，同じコップじゃないと比べられないのだったら，さきさんの水筒のかさも，たくやさんのコップで量るといいよ」と答えた。
　面白い！

B児は，2つの量を比べる時，基準となるコップをそろえれば比べられると言っているのである。私は，あらかじめ準備していた紙コップのいくつ分で量るといいと考えていたのだが，B児は予想を裏切り，たくやさんの水筒のコップでそろえて，さきさんの水筒の水のかさを量るとよいと言い出したのである。そこで，私は，この考えに取りあげてみることにした。

　先程と同じように別の子どもを指名し，黒板の前に出て，今度はたくやさんの水筒のかさを，さきさんの水筒のコップで量ることにした。

「1杯，2杯……」

　黒板に次のように板書する。

| コップ | さきさんの水筒のかさ | たくやさんの水筒のかさ |
|---|---|---|
| さきさんのコップ | 4はい | 2はい |
| たくやさんのコップ | | 10はい |

「ああ，やっぱり4杯と2杯では，さきさんの方が多いね」

　子どもたちは納得したようである。さきさんの水筒のコップでそろえるというのが，ここでは単位の考えになる。さきさんの水筒1つ分を単位として，そのいくつ分で表せるのだ。


## 4.「だったら，さきさんのコップでも比べられないかな」

「先生，だったら，さきさんの水筒でも比べられるはずだよ」

　いい考えである。

「そうだね，じゃあ，調べてくれる人？」

　普段，あまり手を挙げなかった元気な男の子2人の手がとっさに挙がり前で実演してくれた。だんだん慣れてきたので，もう教師の補助なしに，2人に任せることにした。

「1杯，2杯，3杯，4杯……20杯！」

なんと，20杯になった。表に整理するとこのようになる。

| コップ | さきさんの水筒のかさ | たくやさんの水筒のかさ |
|---|---|---|
| さきさんのコップ | 4はい | 2はい |
| たくやさんのコップ | 20はい | 10はい |

「ああ，比べられるね」

「たくやさんのコップで量ると，20杯と10杯で，さきさんの水筒の方が大きいね」

「さきさんのコップで量っても，4杯と2杯でやっぱりさきさんの方が大きいね」

　最後に「じゃあ，違うコップでもいいのかな」と子どもたちに投げかけ，あらかじめ準備していた同じ大きさの紙コップで実際に比べることにした。

　後日，今度は，大きなペットボトルと教室にあるバケツに入る水のかさを量る活動を設定した。今回の水のかさを量るのに使った水筒のコップや紙コップでは，基準となる1杯分の大きさが違うので結果も違ってしまう。そこで，1杯分をそろえる必要性から1Lますを使って測定した。

　私が本授業で大切にしたい見方は任意単位の大きさをそろえることである。それには，混沌とした状態にあるものから，1つ観点を決めて，その観点に従って整理整頓していく。そのようにすると比べることができるのである。本時でいえば，同じコップでそろえるということである。そのことが，1つ分の大きさのいくつ分で表すという任意単位の考えにつながり，いつでも使える場面を検討することで普遍単位の学習へとつながっていく。最後に，数学的な見方・考え方というのは，子どもたちに教師が説明しても高められるものではなく，実際に授業を通して，その都度，子どもたちに経験させ，「今の考えがよかったね」と褒めて価値付けて高めるものである。そうしないと使える力にはならない。

# 6

## 時こくと時間

# 6

## 時こくと時間

宮崎県宮崎市立大淀小学校　桑原麻里

### 本時のねらい

校時程を使って，日常生活における時刻と時間について考える。

### 本時の問題

校時ていの中から15分を見つけよう！

### どのような見方・考え方を引き出すか

計算で時間を求めるだけでなく，15分を1時間の$\frac{1}{4}$と考えたり，図形的な感覚で15分を見たりすること。

### どのように見方・考え方を引き出すか

子どもが感覚的に時刻と時間を感じることができる教材として，学校の校時程を素材とした。見つける時間を15分と設定したのは，5，10……と時計の操作でも，また計算でも求めることができるからである。複雑な計算になると計算に時間をとられてしまう。計算で求められるよさを感じるには，2年生段階では15分が適当であろうと考えた。また，15分間は時計の針の角度が90度になるので，15分間の見方を図形的な感覚で見せることができる。そして15分を図形的に見せることで，60分を1として15分を$\frac{1}{4}$とみる，という分数的な見方もできると考えたからである。

導入では，日常生活の中で15分はないかと考えさせる。これは，同じ15分でも「すること」によって長すぎる，短すぎるという時間の感覚を意識させるための発問である。授業の後半では，給食の時間を例に，食べ始める時刻や食べ終わる時刻を自分たちで決定しながら，15分かどうかを検討していく。そのため，導入で日常生活の時間を考えることが，人によって「すること」

の時間は違うという後半への布石となると考えた。

　授業の中盤では，朝自習や帰りの会，掃除が15分ということを全体で確認した後に，ペアでそのことを確認する時間をとるようにする。その中で，「帰りの会って，もっと長いと思ってた！」等と，校時程の中だけの話にとどまらず，日常生活に戻した時刻と時間の話に及ぶと考えた。また，計算で答えを導き出す際に，12時10分から1時までは何から10を引くかが難しい。1時間は60分であるということから，どんな時刻であっても計算で求められるという考え方を引き出していく。また，計算で求めると，時間を求める際に○時30分を境に10と5で15分（8：20〜8：35）とか，○時を境に20と25で45分（8：40〜9：25）とかいう見方もできるようになる。

　授業終盤では，給食の時間を題材にして，もし準備の時間が15分間だったら……，準備が12時30分に終わったら……と条件を自分たちで変えていくことで新たな問題をつくっていく時間にしたい。時刻と時間を絡めながら，問題を自分たちで変化させていくことで，より深くこの教材に浸ることができると考える。

### ■ 本時の流れ

**1. 「みんなが普段していることで，15分くらいのことってあるかな？」**

　時間に対する感覚を育てるための発問である。はじめは，教師が，「夜寝ている時間かな？」等と極端に違う場合を提示する。そうすることで，どの子どもにも考えやすいようにした。「そんなに短くはないよ！」と子どもは反論する。同じ15分であっても寝る時間のように，どの子にとってもそれは短すぎる，長すぎるというものもあれば，お風呂の時間のように自分は15分だ，自分はそうではないというものもある。子どもたちのさまざまな声を

聞き，15分という時間について議論する中で，日常生活における時間に対する感覚を豊かにすることができた。

## 2. 「学校の中で15分ってあるかな？」

　そう問うと，休み時間がそれくらいかな？　と子どもたちは話し出す。そして，どの子にも考えやすい2時間目の休み時間の時計を示すことにした。

　子どもは，口々に「5，10」と数えだした。そしてどの子も休み時間は，10分ということがわかった。そうすると，「5と5で10だよ」という子どももいる。「それってどういうこと？」と問うと，「5＋5で10だよ」と式を言い出し始めた。ここでは，5，10と数えることも容易にできるため，式に表すよさを子どもが感じるまでには至っていないが，この後の時間を求める際には計算で求めるよさを感じ，どの子も計算で求められるようになってほしいとの願いがあったので，板書し，ノートにも書かせた。

## 3. 「式で表せるの？」

　休み時間が10分で，15分ではないと全員で確認した後に校時程を提示した。2年生には，見るところが多すぎるので，「絶対に15分じゃないよというところがあるかな？」と話した。そうすると，「授業時間や昼休みは15分じゃないよ」と話し出す。詳しく聞くと，感覚的にわかった子もいれば，授業は45分だと知っていた子もいた。そうしていくと随分見る箇所が減っていく。「学校では15分ってないんだね」と言うと，朝自習の時間が15分ではないかと気付く子どもも出てきた。「本当にそうかな」と言いながら，全員で確認していく。始めはもちろん「5，10，15」と言いながらであるが，すぐに「式

038

でも表せる」と言い出した。どんな式かを問うと、ま
ず、20に15を足すと35だと話す。まだ□を使った
式は未習なので、どうしてもこの表現になる。そう
すると、別の子どもが「私は、ひき算の式だよ」と
言うので、「ひき算ではできないでしょう」と言った。
「Aさんは、ひき算の式でできるって言ってたけど、
ひき算の式でもできるの? どんな式になるかわか
る?」と子どもに尋ねた。すると次々に「ああ、そ
ういうことね!」と言い、気付き始めたようであっ
た。そのうち、「35－20＝15です」と発表した子ど
もがいた。これまでは、「5、10、15……」と時計を
見ながら言ったり、時計を操作したりしながら時間
を考えていたが、式に表して計算で求めることがで
きた。それは、導入時における休み時間の10分を5
＋5＝10と板書に残しておいたことと、朝自習の時間は、始まりと終わりの
両方が8時台であったことによる。8時30分との差を考えて10＋5が出やす
いかと思っていたが、この時間にはそれは出なかった。

| 朝 | 8:20～8:35 |
| 1 | 8:40～9:25 |
| 2 | 9:35～10:20 |
| 3 | 10:30～11:15 |
| 4 | 11:25～12:10 |
| きゅうしょく | 12:10～1:00 |
| 昼休み | 1:25～1:45 |
| そうじ | 1:45～2:00 |
| 5 | 2:05～2:50 |
| 帰りの会 | 2:50～3:05 |

　次に掃除の時間を扱った。これも15分が見えやすい。これを始めに扱おう
とも思ったが、掃除は予鈴が1時45分に鳴り、実際は1時50分から掃除を
始める。そして、1時56分に音楽が鳴り片付けを始める。15分のまとまりよ
りも細かな時間配分に意識が向く子どもがいる可能性がある。予鈴から片付
けが終わるまでであることを告げると、これまでに学習した2時＝1時60分
であることを使い、45＋15＝60や60－45＝15と立式
することができた。この後、帰りの会(2時50分～3時
5分)の話になり、10＋5＝15と式で表すことができた。
式で答えを導き出した後に、確認ということで朝自習、掃
除、帰りの会の時計(掲示物)に、15分を塗っていった。

1時45分から2時までは，式で表せないでしょう？

45に15を足すと60だね!?

朝自習は35分だから，35－ってできたけど，2時ちょうどは何から引けばいいの？

1時間は60分だから，2時を1時60分とすれば，60－45でできるよ！

　すると，「直角が斜めになってる」「全部直角があるよ」と15分を図形的に見る子どもがいた。また，掃除の時間の時計を見て，「$\frac{1}{4}$に見えるよ。1時間の半分の半分だから」「1時間を4つに分けたうちの1つ分だ」「15分が4つで60分だね」と，既習である分数を使った表現で15分を語ることもできた。ここで，朝自習や掃除，帰りの会が15分であることをペアで確認する時間を取った。学びの定着という側面もあるが，話をさせることにより，「掃除をしている時間って15分じゃない」などと実際の生活と校時程とのずれを感じる発言を引き出したかったためでもある。そこで，「帰りの会が15分より長い日や短い日があるって話をしている人がいたけど，他の時間帯で実際の校時程とは違うところはあるかな？」と話した。すると，「給食は45分だけど，準備の時間や歯磨き，片付けの時間もあるよね」という話になった。

## 4. 「給食を食べている時間は何分かな？」

　全国学力学習状況調査問題にも毎年のように「時こくと時間」に関連した問題が出題されている。もちろん，単純に時刻や時間を求める問題ではなく，もし終了時刻を5分早めたら……等と時刻を動かした時に時刻や時間はどうなるかといった問題が主である。これを授業の中で扱えれば，子どもたちが

自ら問題を変えていく力を育むことができる。また，今後の授業においても問題を発展させ，主体的な学び及び深い学びを体得できるのではないだろうか。

　まず，校時程上の給食の時間を問う。すると，「12時10分から1時までだから，60－10で50分だね」と掃除の場合と同様に1時ぴったりを12時60分として考え計算で求めた。次に給食の時間は食べること以外にどんなことをしているかを考えていく。準備，歯磨き，片付けが挙げられた。すると準備が早く終わる時とそうでない時があることに気付く。「12時25分に準備が終わる時もあれば，30分に終わることもあるよね」「もし12時25分に終わったら，準備の時間は15分だね」「食べ始めるのがもし12時25分だったら，食べる時間を15分にするには食べ終わりが12時40分だね」「食べ始めるのがもし12時30分だったら，食べる時間を15分にするには食べ終わりが12時45分だね」「私は，いつも片付け始めるのが50分を過ぎているから，食べる時間は20分以上だなあ」などと自分たちで問題をつくって答えを導き出していた。日常生活で起こり得る状況を考えることで，学習内容の習熟を図れるだけでなく，発展的な課題を子どもたちから生み出す授業となった。

  12時25分に準備が終わったら，準備の時間は25－10＝15で15分だね。

 食べ始めるのが12時25分の時は，25＋15が40だから，40分に食べ終わっていれば食べる時間が15分だね。

 食べ始めが30分の時は，30＋15は45だから，45分に食べ終われば，食べる時間が15分だね。

 私は食べ終わりがいつも50分過ぎてるから，食べる時間が20分か25分くらいになるなあ。

# 7 計算の工夫

高知県高知市立潮江南小学校　土居英一

## 本時のねらい

加法の結合法則と，（　）の用い方を理解し，３口の数の加法計算ができるようにするとともに，生活や今後の学習において活用できるようにする。

## 本時の問題

公園で，男の子が６人あそんでいます。そこへ男の子が12人，女の子が８人来ました。公園には，みんなで何人いますか

## どのような見方・考え方を引き出すか

①既習の交換法則（足される数と，足す数を入れ替えて計算しても答えは同じになる）に着目して，３口のたし算の計算方法を考えること。

②足す順番を変えても答えは同じであることを，図を使って説明したり，いろいろな数を当てはめて確認したりすること。

## どのように見方・考え方を引き出すか

計算に関して成り立つきまりは，それが何かの役に立つことに気付いて初めて，知っていることに価値が生まれる。また，結合法則には「計算を簡単にできる場合がある」というよさがある。本時の問題場面は，$(6+12)+8$ と $6+(12+8)$ の２通りの考え方ができるが，これらを比較して，考え方は違うけれど答えはどちらも26になることを確認することから，「足す順序を変えても答えは変わらない」という結論を導く。しかし，ここではまだ12と８をひとまとまりにすることのよさには気付いていない。そこで，見つけたきまりについて，式や図を使って演繹的に説明したり，いろいろな数を当てはめて計算結果を確かめたりすることを通して，工夫すれば計算が簡単にな

ることに気付かせるとともに，結合法則を学習や生活の場で活用しようとする態度につなげていく。

## 本時の流れ

## 1. 「どんな場面なのかな」

何も言わずに右の図1を黒板に貼って
「公園には，みんなで　何人いますか」
と板書する。子どもたちからは，
「数えたらわかる，6人だよ」
「それじゃ問題にならないよ」
といった声が上がる。ここで図2を
提示して，どんな問題場面なのかを
考えさせながら問題文を整理する。

遊びに来る男の子と女の子の状況
を図2で一度に提示したのは，時系
列で順番に増やしていく考え方と，
はじめにいた人数と後から来た人数
を合わせるという考え方が自然にで
きるような設定にしたいと考えたか

図1

図2

らだ。2枚の図の場面はこれまでに経験した増加の場面なので，容易に問題
文を構成することができる。

「はじめに男の子が6人遊んでいます」

「そこに他のお友達が遊びに来ています」

「遊びに来たのは，女の子が8人と男の子が12人です」

こうした反応からは，男の子と女の子が順番にやってきたと捉えている子
と，男の子と女の子が一度に来たと捉えていく子が混在していることが見て
取れたが，あえてその点は明確にせずに問題場面を完成させた。

公園で，男の子が6人あそんでいます。そこへ男の子が12人，女の子が8人来ました。公園には，みんなで何人いますか。

　すると，普段あまり発言しないA男がつぶやいた。
「みんなで，だからたし算かな」
　何気なく問題場面と向き合うのではなく，既習事項に着目して問題にかかわろうとしている。こうした態度は積極的に認めていきたい。この一言のおかげで，解決に向けた方向性が明らかになった。

## 2.「みんなで何人になるのかな」

　用いられている数値も簡単なものであり，3口の計算も既習の内容なので，子どもたちは抵抗なく立式することができる。子どもの反応は概ね次の3通りに類別された。問題文の流れの通り計算する㋐の考え方の子が多く，3口の計算で処理をした㋒の考え方の子も，この時点では単純に3つの数を順番に足しているに過ぎない。

| ㋐ 順番に加える | ㋑ 来た人数を求める | ㋒ 3口で計算する |
|---|---|---|
| ① 6 + 12 = 18<br>② 18 + 8 = 26 | ① 12 + 8 = 20<br>② 6 + 20 = 26 | 6 + 12 + 8 = 26 |

　まず，いずれも答えが26になっていることと，㋐や㋑の式を1つにまとめたのが㋒であることを確認する。すると問題文にそって計算している㋐や，既習の3口の計算をしている㋒はすんなり受け入れられたが，㋑の考え方に対しては「どうして先に12と8を足すのか」という意見が出された。順番に足せば答えがわかるのに，なぜ，わざわざ後の2つを先に足すのかという疑問である。時系列で考えている子にとっては自然なものだと言える。問題場面に対する認識のずれを明らかにしながら式の意味を考えていく。

はじめ公園に6人いて，後から何人来たのかを計算しようと思ったので，先に12＋8の計算をしました。

6＋20の6は，はじめに公園にいた子どもの人数で，20は後から来た子どもの人数を表しています。

　この説明を聞くことで，⑦は「はじめにいた子どもの人数」＋「後から来た子どもの人数」という考え方によるものだということが，⑦の考え方の子どもたちに伝わっていく。そのうちに黒板の図1，2を指しながら

「12＋8はこの部分（図2）の人数を計算しています。」

「図1の6と図2の20を足して，6＋20で全体の人数がわかります」

というように図と式を関連付けて説明する子どもも出てくる。低学年では特に，このように場面と図・式を関連付けて考えようとする姿勢を大切にしたい。ここで

「⑦の考えは，後から来た子どもの人数を先に計算していることはわかったけれど，それなら⑦の考え方は何を先に計算したのかな」

と問いかける。時系列で考えていた⑦の考え方の子は，はじめはきょとんとしていたが，黒板の図を見ていたB子が気付いた。

「私たちははじめに男の子の人数を計算しています」

図と式を関連付けて比べることで，⑦と⑦の考え方の違いを明らかにしたうえで，いずれも答えは26人であることを全体で確認する。

## 3. 「足す順序を変えても答えは変わらない」

　2通りの考え方を互いに共有したところで，3口の計算である⑦の式（6＋12＋8）と，⑦，⑦の式の関係を整理する。

「6＋12＋8の式のどの部分に，⑦や⑦の考え方が表されていますか」

⑦は，6 + 12 + 8の中で，まず後から来た人数を計算して12 + 8 = 20になります。それにはじめにいた人数を足すので6 + 20 = 26になります。

⑦は先に6 + 12で男の子の人数を計算しているので，18 + 8 = 26になります。

（図1，2を指しながら）全部の人数を計算するのだから「男の子の人数」と「後から来た人数」のどちらを先に足しても答えは同じになります。

足される数と足す数を入れ替えて計算しても，答えは同じになるんだったね。

　子どもたちは2年生の「たし算のきまり」での学習経験や黒板の図から，どの順番に足しても答えが変わらないことを漠然と捉えている。このことを式と結びつけながら整理する。

---

6 + 12 + 8 = 26

男の子の人数
↓
18 + 8 = 26

⑦の考え方
　男の子の人数を先に計算
してまとめている

足す順番を変えても，
答えは変わらない

6 + 12 + 8 = 26

後から来た人数
↓
6 + 20 = 26

⑦の考え方
　後から来た人数を先に
計算してまとめている

---

## 4. 「どんな時でもそうなるのかな」

　このタイミングで（　）の意味を指導する。

「⑦の考え方は（　）を使って　(6 + 12) + 8 = 12と表します」

「（　）は，ひとまとまりの数を表して，先に計算します」

次に，④の考え方を（　）を使って表すとどんな式になるかを考えさせる。新しい式表示に戸惑う子どもが少なくない。そこで

「④の考え方で先に計算してまとめたのはどの部分かな」

と問いかけて6＋(12＋8)＝26の式を導いた。そして「足す順番を変えても答えは変わらない」をキーワードに2つの式の関係をまとめる。

$$(6+12)+8=6+(12+8)$$

　きまりを見つけた際に，「本当にそうだろうか」と考える子どもに育てたい。そこで上の式の数をカードに置きかえて，いろいろな数を入れて確かめる。

$$(\boxed{①}+\boxed{②})+\boxed{③}=\boxed{①}+(\boxed{②}+\boxed{③})$$

　その際に，まず②の2桁の数を授業者が決めて，次に①を子ども，③を授業者が決めるルールにした。何度かやっているとこんな反応が見られた。

◆　$(\boxed{①}+16)+\boxed{③}=\boxed{①}+(16+\boxed{③})$　　16を入れた時点で子どもが①に意図的に4を入れる。

◆　$(9+18)+\boxed{③}=9+(18+\boxed{③})$　　　$\boxed{③}$を決めるときに子どもから2にしてという声が上がる。

　（　）を使ってひとまとまりにする部分を，端数のない「何十」にすれば楽に計算できることに気付いたわけだ。次第にどんな数の場合なら，足す順番を変えることで計算が簡単になるのかという視点で数の並びに着目し始める。


## 5.「こんな時はどうすればいいのかな」

　最後に次の問題に取り組む。

　花だんに　赤い花が8本，黄色い花が13本，青い花が7本さいています。
　花はぜんぶで何本さいていますか。

　3口のたし算の問題場面だが，すぐに計算しようとするのではなく，問題文の中にある数を見比べ，13と7に着目して何とか工夫できないかと考えようとする姿を期待したい。

# 8 たし算とひき算の筆算

高知市教育委員会学力向上推進委員　永野由美子

## 本時のねらい

２位数＋２位数＝２，３位数の筆算の仕方を理解し，その計算ができる。

## 本時の問題

0 1 2 3 4 5 6 7 8 9 の10枚の数カードを使って，ひっ算
をつくろう。

## どのような見方・考え方を引き出すか

既習の１位数と１位数との加法の学習をもとにして，２位数同士の加法の筆算や３位数＋２位数の加法の筆算も位ごとに計算できることや，十進位取り記数法に基づいて計算できること。

## どのように見方・考え方を引き出すか

本時では，10枚の数カードから□に入れる数を選び，筆算をつくる活動を行うことで，被加数と加数の各位同士の計算に着目させ，１位数の加法の計算と同様に位をそろえて計算していることを子どもから引き出す。さらに，和が102になる計算を考えさせたり，被加数や加数の百の位に数をおき，３位数＋２位数の筆算について考えさせたりすることで，各位ごとに計算すれば，十進位取り記数法に基づいて計算できる考えを引き出す。

授業では，子どもたちがつくった計算を比較することで，活動を通して見つけた子どもの気付きを取り上げ，1位数の加法や繰り上がり，条件に合わ

せた数の組み合わせ等，数範囲が拡張しても解決できるよさに気付かせる。

## ■ 本時の流れ

### 1. 「□に数を入れて，たし算をつくろう」

まずは子どもたちに自由に数を選ばせ，その数を用いて計算をつくることで，意欲的に計算に取り組ませていく。左の2位数＋2位数の筆算の形式を提示

すると同時に，0から9までの数を1度だけしか使えないことを条件として伝える。

配付した数カードを活用させながら，計算を考えさせ，できた計算を2つのパターンに分けていく。

【例】

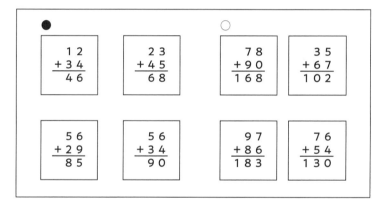

　●と○の計算は，どこが違うのかな？

　●は，繰り上がりがないか，一の位だけが繰り上がる。
　○は，答えが百の位まである。十の位が繰り上がるので，答えの百の位が必ず1になる。

子どもたちは，数カードを使ってそれぞれが自由に計算をつくることで数に着目し，位ごとの計算を意識する。数カードを操作しながら，既習の1位数＋1位数の計算を位ごとに繰り返していることに気付き，これまでの計算と同様に計算を進めていくこと，数の組み合わせによって10を超すと1繰り上がることを意識する。

　できた計算を●と○の仲間に分類し，2つの計算を比べることで，どの位が繰り上がるのかや答えの桁数の違いに気付かせる。

「●は，繰り上がりがない計算か，一の位から十の位へ1回だけ繰り上がる計算の仲間」

「○は繰り上がりが2回ある計算がある」

「●は，十の位からは繰り上がらない」

「十の位が繰り上がらないと百の位が1にはならない」

「10を超すたし算だと，絶対，1繰り上がる」

等の子どもの気付きを全体で共有し評価することで，繰り上がりに着目させ，それぞれの位の計算をより意識させていく。

「□□＋□□の計算の答えは，□□か1□□になる」

「あっ，●にも○にも数を1回しか使ってない計算があるよ」

使った数に着目した子どもの意見をもとに次の活動につなげる。


2.「0から9までの数を1回だけ使って，答えが102になる計算をつくろう」

「答えに0～2を使うからその数カードはもう使えない」

「3から9までの数を1回だけ使うということ！」

　答えを「102」と限定することで，数の組み合わせが重要であることに気付かせ，位ごとの計算に用いる数を意識させていく。子どもは数カードを使って試行錯誤する。

　計算を見つけた子とそうでない子の活動に個人差が見られる。そこでまず，偶然できた子どもの計算を全員で検討する機会を設け，手掛かりとなる表現

を整理していく。そして，それぞれの計算を比較し説明し合うことで，つくる手立ての見通しをもたせる。

**【例】**

```
  3 5        3 4        4 3
+ 6 7      + 6 8      + 5 9
─────      ─────      ─────
1 0 2      1 0 2      1 0 2
```

① 一の位の計算 （□+□＝12）

　一の位の計算を取り上げると，□+□＝2になるのは，1+1＝2か2+0＝2である。しかし，同じ数が2度使われるので，一の位の計算の答えは12になる数でなければならないことに気付かせる。

　□+□＝12になるのは，6+6はできないので，7と5，8と4，9と3となる。最初はやみくもに数を並べている子どもが，順序よく整理して並べるよさに気付いていく。

3つの計算から，どんなことがわかるかな？

これまでの筆算と同じように，3～9の数で答えが12になる計算を見つければいい。十の位へ，必ず1繰り上がる。

② 十の位の計算 （□+□+1＝10）

　一の位から繰り上がる1を足さなければならないことから，十の位の計算が□+□+1は10になることをおさえる。その後，十の位の数□+□は，9になることを意識させる。

　□+□＝9になるのは3と6，4と5の組み合わせになる。

　数を操作することで，数についての感覚を豊かにするとともに，筋道立て

て考える力を高めたり，結果から順に振り返ったりするよさを大切にしていく。

十の位の計算は，4 + 6 = 10としてはいけないの？

一の位の計算が10を超したので，繰り上がりがあるからだめ！

十の位の計算は，繰り上がった1を足すので，9にする。

③　百の位の計算（繰り上がり）

　十の位から1繰り上がっているので，百の位の答えは必ず1になることを一の位の計算から順に説明させることで確認していく。

　足して12や9になる数を考えることで，数への見方を広げていく。答えの「102」に用いられる3つの数を無視すれば，多くの計算をつくることができる。しかし，答えを固定して使える数の制限をすることで，被加数と加数の2つの数を意識させ，1位数同士の計算に焦点をあてる。

　子どもが迷ったときは，例にあるように3つの計算を比べる場面を設けることで，一の位，十の位のそれぞれの位の計算に着目させ，12や9の合成分解を意識させる。子どもがつくり上げた計算を取り上げ，比較しながら考えさせることで，根拠を明らかにしながら数学的な見方・考え方を基に計算について考える力をつけていく。

## 3. 「百の位の答えは，いつも1だけだろうか？」

　上記のように問いかけることで，繰り上がりは1なので，絶対1以外の数にはならないという子どもとできそうだという子どもに分かれる。そこで，「問題の中に百の位まであればできるかも」という子どもの気付きを手掛かりに，最初につくった●の問題に目を向けさせ，百の位に数を入れる。

【例】

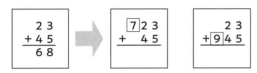

これまでと，どこが変わったかな？

百の位の数が増えた。でも，一の位から順番に計算すると，どんなに位が増えても，位ごとに同じように計算をするとできる。

　計算に取り組むとは，単なる機械的な数の処理を行うのではなく，数を操作し，試行錯誤しながら数に働きかけることが必要である。今回は，習熟の場面で既習を再度整理しながら，数についての見方を豊かにさせ，計算をつくることを楽しみながら，計算問題に取り組ませた。

　ここで育成される資質・能力は，第3学年の3位数や4位数の加法の考察に生かされるので，子どもたちの計算についての見方・考え方を引き出しながら，数学的活動へとつなげたい。「位がどんなに増えてもできる」「102ができれば103や104も考えてみたい」という子どもの姿を期待したい。

# 9 長方形と正方形

## ■ 本時のねらい

　長方形を構成要素に着目してみることを通して，長方形の意味や性質を理解する。

## ■ 本時の問題

　紙をおって右のような四角形をつくることができるかな。　| イ |

## ■ どのような見方・考え方を引き出すか

　既習の直角に着目して，紙を折ったり比べたりすることで，長方形の4つの角が直角であることや向かい合っている辺の長さが同じであることを見つけること。

## ■ どのように見方・考え方を引き出すか

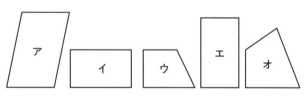

　長方形の4つの角に着目するために，さまざまな形の四角形を提示し，長方形とそれ以外の四角形に仲間分けをする。仲間分けをする際，角が直角であることに着目する子どもがいるだろう。仲間分けをした後に「どうして同じ仲間と思ったのかな」と理由を尋ね，「本当に直角なの？」と問うことで，子どもたちに4つの角が直角かどうかを調べる意識をもたせる。そして，長方形の仲間の1つを取り出し，「紙を折ってこの四角形の形をつくることができるかな」と問題を提示する。実際に右のような紙の四か所を直角に折

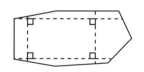

っていって長方形をつくったり，友だちが折った四角形と自分が折った四角形を比べたりすることで，図形を構成する要素に着目させることができると考える。4つの角が直角であるかどうか確かめるために，前時でつくった直角の紙を用いて調べさせ長方形の定義をまとめる。

　また，友だちと四角形を重ねて比べることで，辺の長さの違いに気付くだろう。そこで，友だちとは辺の長さは違うけれど，自分の四角形の向かい合う辺は，同じ長さであることを引き出し，長方形の性質をまとめる。

### ■ 本時の流れ

#### 1.「どうして同じ仲間と思ったのかな」

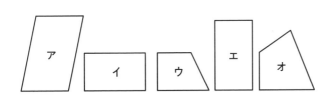

　左のようなさまざまな四角形を順に黒板に提示した。その際，四角形は辺が4本で頂点が4つということも確かめながら提示することで，仲間分けの際に角や辺に着目しやすくした。「四角形イと同じ仲間を見つけよう」と発問し，アイウエオの四角形を渡して，プリントに2つのグループに仲間分けをさせた。子ども

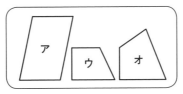

たちが仲間分けをした後に「どうして同じ仲間と思ったのかな」と仲間の分け方を尋ねてみると，「1つの仲間は，角がとがっていて，もう1つの仲間は角が直角です」と答えが返ってきた。そこで，教師が「本当に直角なの？」と問いてみると「たぶん，直角だと思う」や「調べないとわからない」と見た目だけでははっきりしないという反応が返ってきた。また，「辺が斜めと辺が真っすぐ」と辺に着目して仲間分けをしている子どももいた。そこから「四角形の

角の形と辺について調べよう」と本時のめあてを立てた。

どうして同じ仲間と思ったのかな?

角の形がとがっているのと，角の形が直角！

本当に直角なの?

## 2. 「紙を折ってこの四角形をつくることができるかな イ 」

　仲間分けした四角形の中から教師がイの長方形を取り出し，さらに不定形の紙を見せ，「この辺が曲がった紙を折って，イの四角形をつくることができるかな？」と問題を提示した。子どもたちは「できるよ」「どうやってするの？」と反応はさまざまであった。不定形の紙を渡し，子どもたちにイの形になるように折らせる活動を仕組んだ。活動させる前に「折るポイントは角の形だね」と着目するところを再度声かけした。子どもたちによって紙を折り込む幅が違うため，出来上がりの形の大きさがそれぞれ違っていた。一人

ひとりが紙を折っていくと、自分の折った形が四角形イになっているのか、確かめたくなっている様子であった。子どもたちは隣の友だちが折り終わると自分の折った紙と重ね合わせて、角や辺の長さを比べて、「あ、一緒！」「辺の長さが違うね」「なんかずれてるね」と友だちとの違いに気付いていた。不定形の紙を渡し、まず自分で考えながら折ってみることで、子どもたちは角の大きさや辺の長さにより着目することができた。

　そこで、「この前つくった直角マシーン（前時でつくった直角の紙）を使って調べている子がいるよ」と声をかけてみた。すると、直角の紙を使って4つの角に当てて直角になっているか確かめる様子が見られ、自分のつくった長方形の角が少し直角とずれている子どもは、直角の紙に合わせて自分で折った長方形を手直しして直角になるように折りなおしている姿も見られた。

　子どもたちは既習の直角に着目し、四角形イの角が直角であるだろうと予想していた。直角を意識しながら紙を折ると四角形イをつくることができるだろうという見方・考え方を働かせることができた。

　その後、全体で長方形の折り方を確かめていった。自分が折った紙をもう一度広げて一緒に折っていき、1つの角ができたら直角の紙を当て、直角になっていたら印を付けるという活動をした。印を付けることによって、一目で4つの角が直角であることがわかった。子どもたちからも印を付けた後に「4つの角が直角だ」と長方形の定義につながる発言があり、紙を折る時点でおそらく直角であるだろうと予想はしていたけれど、折り方を改めて一緒に確認することで定義を確認することができた。

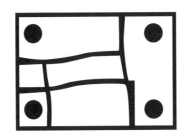

## 3. 「長方形の辺の長さを比べてみよう」

『角の形がみんな直角になっている四角形を長方形という』と定義を確認した後，今度は辺の性質について考えていった。教師が「長方形を隣の友だちと重ねて比べていた時に，辺の長さが違うと言っている人がいたけれど，みんなはどうでしたか？」と子どもたちに尋ねてみた。すると「違った」「縦の辺は同じだったけれど，横の辺は違った」「同じだった」というさまざまな答えが返ってきた。そこで，「みんながつくった長方形は大きさが違って，色々な辺の長さの長方形があるのですね。さっき，自分の長方形の辺の長さ同士を比べている人がいたよ。みんなの長方形の辺の長さはどうなっているのだろうね」と話し，自分が折った長方形の辺の長さを比べる活動をさせた。

 自分の長方形の辺の長さは同じなのかな？　違うのかな？

長い辺と短い辺の長さは違う。

横と横同士は同じ。縦と縦同士も同じ。

　すると，子どもたちは長方形を半分に折って辺を重ねたり，定規で長さを測ったりして，辺の長さを比べていた。中には，横の辺と縦の辺を比べて長さが違うという子どももいたため，「横の辺と横の辺同士はどうだったかな？」と声をかけて調べさせた。調べた結果を尋ねたところ，「長い辺と短い辺の長さは違う」「横の辺と横の辺同士は同じで縦の辺と縦の辺同士も同じだった」という答えが返ってきた。

　子どもたちが調べたことを全体で確かめるために，長方形の折り方を確認した際に用意した模範用の長方形を教師が提示し，長さが同じだった辺に2色で色分けをして視覚的に向かい合う辺がわかるように子どもたちと一緒に

確認しながら示した。そこから，「向かい合う」という言葉を確かめ，『長方形の向かい合っている辺の長さは同じ』という長方形の性質を確認していった。

　一人ひとりが不定形の紙を使って長方形を折ることで，辺の長さが違う長方形ができた。つくった長方形の大きさが違うところに価値があり，友だちと長方形を重ねたりすることや，自分の長方形を折ってみたり，辺を測ってみたりして辺の長さを比べる見方・考え方を働かせることができた。さらに，どんな大きさの長方形でも向かい合う辺の長さが等しいということをつかむことができた。

　本時では，既習の直角に着目して，紙を折ったり比べたりすることで，長方形の4つの角が直角であることや向かい合っている辺の長さが同じであることを見つけるために，折り方を教える前に自分で長方形になるように折ってみる活動を仕組んだ。折る活動の前に仲間分けをして直角，辺という着目する言葉が出てくることで，折る活動の際に子どもたちが直角と辺を意識しながら折ると考えたからだ。この活動を入れたことで，自分の折った長方形はうまくできているのかどうか友だちと比べたくなっていた。そこから自然と友だちと構成要素に関わる交流がうまれてきたと感じた。また，この実践で一人ひとりがつくった長方形の大きさが違う所に価値があった。このことにより，どんな大きさの長方形でも向かい合う辺の長さが等しいということもつかむことができた。

# 10 かけ算（1）

福岡県田川郡赤村立赤小学校　千々岩芳朗

## ◼ 本 時 の ね ら い

　提示されたものの個数を数えるために，子どもたちが自ら「かたまり」を見いだし，提示されたものの個数がその「かたまり」のいくつ分で数えることができるようにする。

## ◼ 本 時 の 問 題

　へやの明かりの数はぜんぶでいくつですか。

## ◼ ど の よ う な 見 方 ・ 考 え 方 を 引 き 出 す か

- 子どもたちが自らが数えるべきものに働きかけ，「かたまり」を見いだし，数えるべきものの総数が〇〇のいくつ分になっているというかけ算の意味に迫る考え方を引き出すこと。
- 分配法則につながるような「かたまり」も子どもたちに提示し，さまざまな見方ができるようにすること。

## ◼ ど の よ う に 見 方 ・ 考 え 方 を 引 き 出 す か

　人はものの総数を数えるとき，自然と「かたまり」を意識しながら数えている。かけ算の性質の1つがこの「かたまり」のいくつ分という考え方だ。もちろん子どもたちも，未熟ではあるがこの力を有している。そこで，フラッシュ的に明かりのついているアパートの様子を提示し，「このアパートに今何軒帰ってきているのかな」と問うところから始める。「かたまり」がはっきりしている比較的わかりやすい状態から始める。このとき，「かたまり」のいくつ分で総数を数えることのよさに気付かせていく。さまざまな見方によって違う「かたまり」を見いだすことによって，さまざまな数え方を考えさせて

いく。最終的には，アパートの窓全部に明かりが灯る。そのとき，子どもたちから多くの「かたまり」で考える見方を引き出し，そのどれもが同じ総数（答え）となることに気付かせ，かけ算の導入学習としていく。

## 本時の流れ

### 1.「何軒の窓に明かりがついているかな？」

「アパートに仕事を終えた人たちが，帰ってきました。その様子を見せます。何軒の窓に明かりがついているかな？　まずは，午後6時の様子から見てみよう」と子どもたちに問いかけた。そして，1秒間午後6時のアパートの様子を見せた。「わかった。4軒です」「よくわかったね。なかなかいい目をしているね」と子どもたちの観察眼を褒めた。ここで褒めることは，これからの学習の展開を子どもたちに理解させるとともに，学習への参加意欲を高めていくことにつながる。

「さあ，次は午後7時だよ。何軒明かりがついているかな」と言って，スクリーンに絵を映し出した（図1）。もちろん1秒間。すぐに子どもたちから反応が返ってきた。「簡単。8

図1（午後7時）

図2

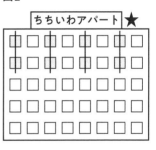

軒だよ」「早いね。どうしてそんなに早くわかるの？」と問い返す。「だって，2が4つあったから」「2＋2＋2＋2だよ」と「本当かな」ともう一度スクリーンに絵を表示し，子どもたちの言ったことを確認していった（図2）。

2のかたまりが，いくつあるかで考えたんだね。

2が4つあったよ。

ここで大切にしたいことは，かたまりで見るということへの意識付けだ。「2が4つ」という見方を評価し，黒板に「2が4つだから8軒」と板書していった。

次に午後8時の様子を子どもたちに提示した（図3）。ここで提示したのは5のかたまりが見えやすくしたものだ。先程の段階で，子どもたちに「かたまり」を意識付けしていったが，ここではその意識を強化することが大切になる。すぐに「15。だって，5が3つだから」と口々に子どもたちは話し始めた。ここでも5が3つであることを全員で確かめていった（図4）。

子どもたちは，「かたまり」を意識しながら数えることができるようになってきた。しかし，これまで提示されたものは明らかに「かたまり」がわかるものになっている。かけ算の学習で大切にしたいことは，子どもたちが何かの事象に出会ったとき，その事象の中に「かたまり」を見いだしていくことだと考える。もちろん九九をしっかりと覚えることも大切

図3（午後8時）

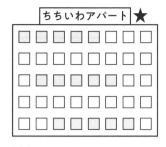

図4

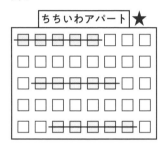

図5（午後9時）

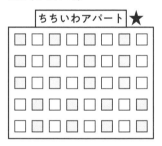

ではあるが，使えるかけ算にしていくには，事象に働きかけ「かたまり」を自ら設定していく力を育んでいくことが重要であると考える。

「次は，午後9時だよ（図5）。だんだんたくさんの家に電気がつきそうだよ。数えられるかな」図を提示した途端，「わかった，5が4つで20」と声が返ってきた。しかし，そのほかの声も……「3が4つと2が4つ」午後9時のアパートの様子を提示し，子どもたちの声に従いながら確かめていった。「5

が4つ，確かに5が4つで20だね。でも，3が4つと2が4つという声も聞こえていたけど，これはどういうこと？」「簡単だよ。上の方に3が4つ，下に2が4つ」「みんな，今Kくんが言ったことわかるかな」「わかるよ」ほぼ全員が，頷いた。

5が4つあったよ。

3のかたまりが4つと2のかたまりが4つにも見えるね。

これまで比較的「かたまり」が見えやすいものを提示してきたが，この場面では，「かたまり」に働きかけることで「違うかたまり」を見いだすことができるものを提示した。子どもたちは，2つの「かたまり」を見いだすとともに，この2つの和が全体になっていることに気付いていった。この考えは，分配法則の素地となるもので，かけ算の学習を始めたばかりの子どもたちに体験させておくことは大変重要だと考える。

「さあ，次は午後10時だね。今度はたくさんの人たちが帰ってきているかもね。じゃあ，見てみよう」と言って午後10時のアパートの様子を1秒間提示した（図6）。「わあ，みんな帰ってきちゃった」「でもよくわからなかった。先生もう一度見せて」「じゃあ，もう一度見せるよ。今度はよく見てね」と再度提示する。

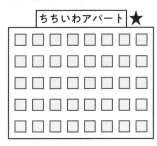

図6（午後10時）

すると，何人かが指で何かを数えようとしていた。絵が隠れた後，子どもたちに問い返した。「ねえ，今何か数えていたでしょう。何を数えていたの？」。子どもたちからは「横にいくつあるか」「縦がいくつか」という答えが返ってきた。全員に「2人が言ってることはわかる？」「わかる，わかる。縦と横に

いくつ並んでいるかがわかれば数えられるよ」「それじゃ，もう一度見てみよう」と言って再び1秒間見せた。「わかった，縦に5個並んでいた」。違う子が「横には，8個ぐらいだった」「じゃ，開けてみるよ。みんなの目は確かかな。調べてみようね」と言って再度提示した。

「ほら，縦に5個，横に8個並んでたよ」と得意気に語る子どもたち。「ところで，何軒の家に電気がついていたの」と問いかける。すると「5が8つだから……40」「5＋5＋5＋5＋5＋5＋5＋5＝40」ここで，提示した図上で5個の列が8あることを確かめていった。「ほかにもあるよ」H子が言う。「ほかにも，そんなのある？」ととぼけてみた。

「あるよ。10が4つ」「どこに10があるの？」と問い返す。そして，そう発言したH子に10の「かたまり」がどこにあるのかを図にかき込んでもらった。「なるほど，ここにあるんだね」。子どもたちは，5のかたまりだけでなく，10のかたまりも見いだすことができた。さらに，「8個が5つ」という見方も出てきた(図7)。

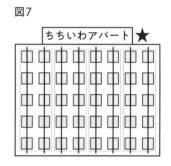

図7

最後に右の図を提示した（図8）。「夜も遅くなってきたから、みんな寝始めたようだね。あと何軒起きているかな？」

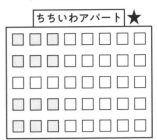

図8（午後11時）

ちちいわアパート ★

子どもたちは、この図を見るなり、「6が2つで12だね」「2が6つでもいいね」「3が4つ」「4が3つ」と「かたまり」を自ら設定しながら数えようとしていた。

これまでの学習を通して、子どもたちは「かたまり」を自ら見いだしながら、提示された図の中の明かりのついた窓の数を数えようとしていた。この後、ほかの具体物を用いた学習やかけ算の式についての学習に進んでいったが、今回のように「かたまり」を見つけてきた子どもたちにとっては、「〇〇のいくつ分」という考えはほぼ抵抗なく受け入れられ、ほとんどの子どもたちにかけ算は定着していった。

また本時の学習では、アレイ図的な「アパート」を提示していった。これは、子どもたちにとってイメージしやすいものであるとともに、具体的なものから抽象的なもの（アレイ図）へと学習を進めていく時に、違和感なく受け入れてもらうために取り入れた。また、図5や図8のような図を提示することによって、提示されたものに自ら働きかけ、見方を変えて「かたまり」を見いだしたり、「かたまり」同士の関係を考えたりすることを通して、交換法則や分配法則の素地作りにもつながると考えた。

## 2. 子どもたちの中にある「かたまり」を考える力を引き出す

子どもたちは、たくさんの算数を体の中に有している。今回の学習では、「かたまり」を自然と見いだしたことがその証であろう。この子どもたちが意識せず日常で使っている観念的・感覚的な算数を学びとしての算数の世界にのせ、使えるツールとして、考えるベースとして高めていくことが、算数学習の重要な役割となると考える。

# 11

## かけ算（2）1，6，7，8，9の段

宮城県仙台市立八幡小学校　中村佑

### ◢ 本時のねらい

九九パズルを完成させる活動を通して，乗数と積の関係や，乗法の交換法則についての理解を深める。

### ◢ 本時の問題

九九パズルをかんせいさせよう。

### ◢ どのような見方・考え方を引き出すか

- 九九の構成で見つけたきまり（「乗数と積の関係」「乗法の交換法則」「答えが同じ九九の個数」）などを用いて，九九表（九九パズル）を見直すこと。
- 乗法の性質・きまりとしてまとめ，一般化すること。

### ◢ どのように見方・考え方を引き出すか

九九表を3×3ずつに分けて切り，左上の答えだけ書いた九九パズルのピース（1・16・49：1枚，4・7・28：2枚，計9枚のピースがある）1枚ずつ6枚を提示する。

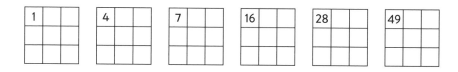

まず，この中からどのピースを置くかを尋ねる。子どもたちの多くが1のピースを選ぶだろう。どうしてそのピースを選んだのか，理由を尋ねる。「1×1＝1しか『1』が出てくるところはない」といった「答えが同じ九九の個数」に着目する発言を取り上げる。次に，迷ったピース（2枚あるピース）

を選ばせ，どうして迷ったのかを尋ねる。例えば，4のピースだとしたら，上の段が「4・5・6」のものもあれば，「4・8・12」となるピースが存在する。どちらのピースか決められないことを，九九の構成で用いてきた見方・考え方をもとに説明させ，4のピースが2枚必要であることに気付かせる。九九の構成で用いた見方・考え方を活用する子どもの姿を価値付けし，乗法の性質・きまりとして積極的に活用する態度を育てることが大切である。

### ■ 本時の流れ

## 1.「最初に，どのピースを使う？」

　本時は，九九表からきまりを見つける活動を通して，これまで九九の構成で身に付けた見方・考え方を活用する場面として，単元の後半で扱った。

　最初に，本時の問題「九九パズルを完成させよう」と板書し，九九パズルのピース6枚を提示した（本時よりも前に，子どもたちには九九表をさまざまな形に切らせてパズルをつくる活動をさせた。そのときと同じように九九表を切ってつくったこと，数をあまり書かなくてもできないかと考えて，このパズルを作成したことを伝えた）。

　そして，「最初に，どのピースを使う？」と尋ねた。少し考えさせた後，ピースを選ばせ，挙手させた。一番多かったのは，1のピースだった。「1のピースを選んだ理由が言える人？」と尋ねた。「やりやすい」「1〜3とか小さい数から学習してきた」「（ピースの中で）1番下の数」といった意見が出される中，1と4と7のピースに着目した子どもがいた（私が意図しないで，1と4と7のピースを隣に並べてしまったことも影響している）。「（1と4と7のピースを指差しながら）『1，2，3，……9』となるから」と書いていない部分も答えながら，ピースの並び方を説明した。子どもたちからは「おおっ」という歓声がわいた。

　1のピースを選んだ理由を聞いたところで，「『1』は何の答えだっけ？」と尋ねた。「1×1」と反応が出たので，「（『1』になる答えが）他にある？」と尋ねた。1のピースが1×1の場所以外には動かないことを確かめた。

## 2.「どっちだろう？」

　1と4と7のピースを横に並べる方法を見て，「そっちじゃだめ」「もう1つある」とつぶやく子どもがいた。黒板の所に出て，1のピースの下に4のピースを並べ，「1の段，2の段，3の段，……」と説明した。4のピースを1のピースの右か下に並べる考えが出てきたところで，「どっちだろう？」と揺さぶった。「数字がないと決められない」という考えに多くの子どもが賛同した。その一方で，「1～9の段をつくるなら縦の方がいい」と発表する子どもも出てきた。その考えを受けて，7のピースと28のピースを関連付けながら子どもが次のような説明をした。

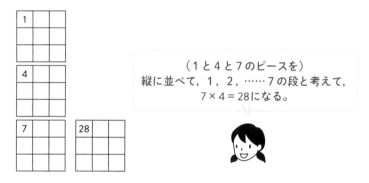

（1と4と7のピースを）
縦に並べて，1，2，……7の段と考えて，
7×4＝28になる。

　それに対して，別の子どもが16のピースを持ってきて，次のように並べ替えた。

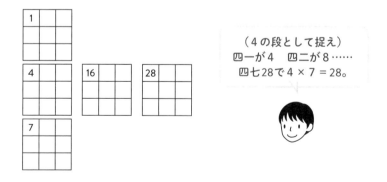

（4の段として捉え）
四一が4　四二が8……
四七28で4×7＝28。

068

その時に，「先生，もう1枚（ピースを）つくってきてくれましたよね」と
つぶやく子どもが出てきた。「1枚じゃだめなの？」と尋ねると，「だめ！」
と元気な声が返ってきた。何も書いていないピースを出し，「何と書いたらい
いのかな」と尋ね，28のピースを付け足した。

　ここで，数字をピースに書きながら，これまでの考えを整理した。

　　①縦に1，2，3，……9の段と考えられること

　　②7の段で7，14，21，28となること

　　③4の段で4，8，12，16，20，24，28となり，28のピースがもう1枚
　　　必要だったこと

整理した後，7の段を続けていくことで，49のピースの場所を確かめた。
さらに，「先生，忘れ物！」という発言があり，4のピース，7のピースを付
け足して，九九パズルが完成した。

## 3.「ここには何が入る？」

　完成したパズルの縦5横6のマスを指差し，「ここには何が入る？」と尋ね
た。「30」になることを確認した。次のような子どもの考えが出てきた。

　　**（縦5の場所から右に指差しながら）**
　　**5の段でかける数が6だから，5×6＝30**

　　　　**（横6の場所から下に指差しながら）**
　　　　**六一が6　六二12　六三18　六四24　六五30**

　下から九九（九九を大きい方から唱える方法）で説明した子どももいた。5
×6＝30と，6×5＝30の，かけられる数とかける数が反対になる2つの式
が出てきて，30が2つあることを確認した。

　次に，縦3横3のマスを指差し，「ここには何が入る？」と聞いた。「3×3
＝9」と元気に返ってきたので，「3×3はひっくり返しても3×3だから，1

つしかないよね」ととぼけた。すると，「1×9＝9」と「9×1＝9」もあり，「9」と書く場所が3つあることが分かった。「『30』は2つ，『9』は3つある」と確認したところで，「1つになるものがある！」と発言する子どもたちが出てきた。答えが1つしか出てこないものを見つけたかどうかを尋ねると，半分以上が手を挙げた。まだ見つけていない子ども，わからない子どももいたので，「調べてみよう」と投げかけ，教科書の九九表を見て調べるように指示した。

最初に出てきたのが，「1（1×1）」。次に，「81（9×9）」「64（8×8）」「25（5×5）」と出てきた。「あと1つ」という発言があったので，「最後はみんなに見つけてほしい」と話し，答えが1つしか出てこない式に注目させた。「全部，隣が同じになっている」「かけられる数とかける数が同じ」ということに気付いた。

そのことから，「4×4＝16」を出した子どもが出てきた。しかし，「『16』は3つある」という発言があり，「2×8」と「8×2」もあることを確認した。その後，「49（7×7）」が1つ，「36（4×9，6×6，9×4）」は3つあることを確認した。

1つしか出てこない答えを見つけていく中で，その答えが出てくる場所に着目した子どもが出てきた。斜め（左上から右下）に「かけられる数とかける数が同じ」九九が出てきて，答えが1つか3つになることを確認した。

また，反対の斜め（右上から左下）は25を真ん中にして，向かい合っている答えが同じになっていることを気付いた子どももいた。

| × | 1 | 2 | 3 | 4 | 5 | 6 | 7 | 8 | 9 |
|---|---|---|---|---|---|---|---|---|---|
| 1 | 1 | 2 | 3 | 4 | 5 | 6 | 7 | 8 | 9 |
| 2 | 2 | 4 | 6 | 8 | 10 | 12 | 14 | 16 | 18 |
| 3 | 3 | 6 | 9 | 12 | 15 | 18 | 21 | 24 | 27 |
| 4 | 4 | 8 | 12 | 16 | 20 | 24 | 28 | 32 | 36 |
| 5 | 5 | 10 | 15 | 20 | 25 | 30 | 35 | 40 | 45 |
| 6 | 6 | 12 | 18 | 24 | 30 | 36 | 42 | 48 | 54 |
| 7 | 7 | 14 | 21 | 28 | 35 | 42 | 49 | 56 | 63 |
| 8 | 8 | 16 | 24 | 32 | 40 | 48 | 56 | 64 | 72 |
| 9 | 9 | 18 | 27 | 36 | 45 | 54 | 63 | 72 | 81 |

9と9, 16と16, 21と21
24と24と答えが同じになる。

答えが1つ
(1, 25, 49, 64, 81)
3つ (4, 9, 16, 36)
　　　　　　　　になる。

　その後も，九九表から以下のさまざまなきまりを子どもたちは発見してい
った。

- $1 \times 1 = 1$ と $9 \times 9 = 81$，$1 \times 2 = 2$ と $9 \times 8 = 72$，というように，1の段と9の段の一の位の数字が同じ（2の段と8の段，3の段と7の段……と，足して10になる段で成り立つ）。

- 1の段は，$1 \times 1$ と $1 \times 9$ を足して10
  2の段は，$2 \times 1$ と $2 \times 9$ を足して20　となり，10ずつ増える。

　これまで，さまざまな方法で九九を構成したり，何度も唱えて九九を習得したりして自信を付けたことが，この学習の意欲につながったと考える。身に付けさせたい見方・考え方を活用して九九表を完成させることで，子どもたちの数の感覚を豊かにさせたい。

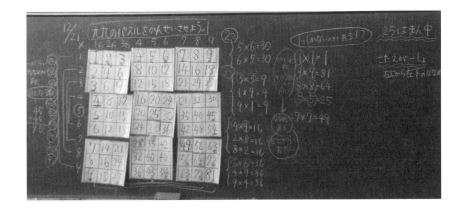

# 大きな数（４桁の数）

関西学院初等部　木下幸夫

### 本時のねらい

４位数について，アラビア数字表記と漢数字表記を行き来することを通して，「十進位取り記数法」と「漢数字表記」のよさや特徴がわかる。

### 本時の問題

「7028」をかん数字で書きます。何このかん字で書けるでしょうか。

### どのような見方・考え方を引き出すか

★「十進位取り記数法」は，数字を書くその位置によって，位の大きさがひと目でわかること。

（例：524の場合。「３位数だな」「百の位は５だな」など）

★「漢数字表記」は，位ごとに漢字２つで表記することが基本であること。

（例：百の位が８つの場合は「八百」など）

・空位の「０」は，漢数字では表記しないこと。しかし，アラビア数字では，空位の「０」を表記すること。

### どのように見方・考え方を引き出すか

まずスタンダードな４位数を漢数字表記させる。位ごとに漢字２つで表すこと（三十，五百，四千，など）が基本だが，一の位だけは漢字１つで表すので，多くの４位数は漢字７つで表記する（3745→三千七百四十五）。

次に，空位の「０」を含む４位数を漢数字表記させる。第１問の3745より大きい数，「7028」などを扱うことで，子どもたちから，「①3745よりも，②7028は大きな数だから，漢字の個数は増えるかも」や，「同じ４桁の数なんだから，7028も漢字７つで書けるかも」などのミスコンセプションを引き出

す。どちらも誤概念だが，それぞれ根拠はある。「7028は七千二十八と，漢字５つで表現できる」という予想と結果とのズレの理由を考える数学的活動を通じて，十進位取り記数法の意味を追究させる。

### ■ 本時の流れ

### 1. 「何個の漢字で書けそうですか」

　本時は，４位数を学習した次の１時間である。まず，「次の数を数字で書きましょう」と子どもたちに投げかける。この数字とはアラビア数字をさす。黒板には第１問を提示する。「①三千七百四十五」。

　子どもたちは，「漢字がたくさんで読みにくいです」と反応する。しかし，位に分けてアラビア数字に変換していくと案外簡単にわかる。答えは，「3745」となる。この第１問は，第２問以降のウォーミングアップでもある。

　第２問を提示する。「7028」。そこですかさず教師は，**「第２問は，漢数字で答えます。何個の漢字で書けそうですか」**と問う。「先生，第１問目の漢字の数を数えていいですか」という質問が出る。「なるほど。１問目の結果を使って，２問目の答えを知ろうとしたのですね。いいアイデアです」と前のめりになりかけている子どもの姿を称賛する。「１，２，３，４，５，６，７……。先生！　3745（三千七百四十五）は，漢字７個で書いていました！」そこで，教師は子どもたちに問いかける。「今調べてみて，第１問目の3745の場合は，漢字７個だったことがわかりましたね。第２問目の7028は漢字何個で書けそうでしょうか？　予想してみましょう」（まだ数えさせない）そして，挙手を促す。

「漢字７個より多いと思う人？」

「漢字７個より少ないと思う人？」

「漢字７個ちょうどだと思う人？」

　第２問目の「7028」も漢字７個だと考える子どもが圧倒的に多かった。理由を尋ねてみる。「3745も7028もどちらも４桁の数だから，漢字の数は同じ７個になると思いました」次に意見の多かった，「漢字７個より多い」と考え

る子どもの理由も聞く。「7028は，3745より大きな数なので，漢字の数も増えると思いました」。なるほど。子どもたちの考えを聞いてみると，どちらにも根拠があって面白い。本クラスには，「漢字の数が7個より少ない」と考える子どもはいなかった。このようなやり取りを通じて，どの子にも立場（考え）をもたせてから調べさせる。「それでは，7028は漢字いくつで書けるのか。ノートに書いて調べてみましょう」

「あれ……。変です。漢字の数が少ないです……」。つぶやきが聞こえる。なぜ，漢字の数が減ってしまうのか不思議に思う子どもたち。1人で問題解決をしているので，「私が間違えたのかもしれない」と不安になっている様子が見てとれる。「先生。何回確かめても，漢字5個になってしまいます……」「僕も同じ！」。漢字が減る理由がわからないので，当然の反応である。教師は，「みんな，漢字5個になったよという人が多いようですね。答えを教えてください」と指示する。「七千二十八です」「私も同じです。漢字が5個なのですが，これ以上書きようがありません」。クラス全体で「七千二十八」が正答であることを共有して，第3問目に進む。

## 2. 「漢字の数が減ったわけを考えよう」

「3010」と黒板に書く。「このあと，先生がみんなに出したい問題が想像できますか？」と問いかける。「**3010は漢字で書くと，何個で書けるでしょうか**。だと思います」「さすがです。皆さんと気持ちが通じ合っています。何個で書けそうか，調べる前に予想をしてみましょう」。このように子どもたちとのやり取りを楽しみながら，課題づくりをしていく。

　漢字の個数をノートに書くように指示する。このときの数は直感でいい。最初は7個だったのが次は5個に減った。さらに次は何個だろうか……。自分の立場をもたせてから問題解決に向かわせることがねらいなので，ここでは予想を発表させる時間を取らない。ただし，「3010」もこれまでと同じ4位数であることは押さえておく。

「では，ノートに書いて調べてみましょう」。子どもたちの問題解決が始まる。「え？　あれれ。さらに漢字の数が減りました」「今度は，漢字3個だよね……」。さまざまなつぶやきが聞こえてくる。教師は，「3010は漢字で書くと何個になりましたか」と尋ねる。「3個です……！」

第3問目の答えは，「三千十」であることをクラス全体で共有する。全員が「三千十」とノートに書いていた。漢字の数が減ったことには驚かないのだが，漢字たった3個で，これまでの同じ4位数を表せることに驚きを感じている子どもたちの姿が見てとれた。

「なんで漢字の数が，こんなに減るんだろう……」。教師は，この子のつぶやきを待っていた。聞き逃さない。そして板書をする。**「漢字の数が減ったわけを考えよう」**。ある子のつぶやきを拾い上げて，それが本時のめあてとして位置付いた瞬間である。

## 3. 「0の秘密を探ろう」

これまでの3問を，並べて眺めてみる。

① 3745 → 三千七百四十五 （漢字7個）
② 7028 → 七千二十八 （漢字5個）
③ 3010 → 三千十 （漢字3個）

並べて比べることで，見えてくることがある。教師は，「何か気付いたことはありますか」と問いかける。「上手く言えないけれど……。第3問目は，0がたくさんあります」「本当だ。3745には0がないけれど，7028には0が1つ。3010には0が2つもあります」「0の数が増えると漢字の数が減るのかな……」

それぞれの数を，位の箱に分けて書き，整理してみる。並べて比べる。

| 3 | 7 | 4 | 5 |
|---|---|---|---|
| 千の位 | 百の位 | 十の位 | 一の位 |

| 7 | 0 | 2 | 8 |
|---|---|---|---|
| 千の位 | 百の位 | 十の位 | 一の位 |

| 3 | 0 | 1 | 0 |
|---|---|---|---|
| 千の位 | 百の位 | 十の位 | 一の位 |

「先生，わかりました！　0のときは，漢字で表さなくてもいいのではないでしょうか」。ある子の気付きである。「なるほど，わかった！」という反応をする友だちもいれば，きょとんとした表情で話が通じていない友だちもいるようだ。もう少し詳しく聞いてみる。

## 「0の秘密を探りましょう」

「例えば，3745を見てみます。千の位は『三千』。百の位は『七百』。十の位は『四十』。一の位は『五』，なんです。次に7028をみてみます。千の位は『七千』ですが，百の位は漢字で表していません。十の位は『二十』。一の位は『八』，なんです」

　その話を聞いて，「本当だ！　なるほど！」と感嘆の声や拍手が教室に生まれた。「百の位の漢字2つ分が減ったから，『7－2＝5』（漢字の数）で，7028は漢字5個なんですね！」

「となると，3010はさらに0が2つあるから……」「7－2－2＝3で，漢字の数が3個になるわけですね！」「3010を詳しくみてみます。千の位は『三千』。百の位は『なし』。十の位は『十』。一の位は『なし』。だから，漢字は合わせて3つ」

　子どもたちの話し合いがヒートアップしてくる。見えなかったことがだんだん見えてくる楽しさを感じている子どもたちの姿だ。

「わかったことがあります！　一の位の数は漢字1つで表します。他の位の数は漢字2つで表します」

「でも，3010の10は漢字1つで『十』だよね」「もしも，20ならば二十なのに……」

「10は本当は，十が1つだから，『一十』（いちじゅう）と書きたいのかもしれない。でも，わざわざ『一』は書かなくてもわかるから，『一』は省略して『十』だけなのかもしれない」

　見事な子どもたちの追究が続く。ここで話し合われたことを教師が黒板にまとめていく。

　◆位ごとに2つの漢字で書くことが基本。

　◆一の位だけは漢字1つで書く。

　◆位の数が「0」の場合は，漢字で表さない。

　◆位の数が「1」の場合は，漢字1つで書く（10は「一十」ではなく「十」。
　　100は「一百」ではなく「百」，など）。

※ただし「千」までで成り立つ話。「万」や「億」だと，「一万」「一億」と漢字
　2つ表記になるが，2年生のこの段階では触れずにおく。

## 4.「4桁の数で一番漢字が少ないのは？」

　教師が問いかける。「4桁の数で，漢字で書くと一番漢字が少ないのは，なんという数でしょうか」

　ノートに書かせる。発表を求めると，次々に出る。「9000（九千）」「8000（八千）」「7000（七千）」……。漢字2つで表現できるようだ。「先生，一番少ないのを見つけました！　漢字1つです！」「本当だ！　1000です！」。1000は，漢字1つ（千）で表現できることがわかった。

　この授業を通して，面倒くさいと子どもたちが感じやすい漢数字表記でもその有用性を感じられる数もあることがわかった。1000（千）や100（百）や10（十）の場合は，たった漢字1つで表記できる。

　また，空位の「0」は漢字表記をしないことを発見する活動を通して，普段，当たり前に使っていた十進位取り記数法の意味や，そのよさを実感的に理解することができた1時間となった。

# たし算とひき算

常葉大学　松村隆年

### ◢ 本 時 の ね ら い

「ぜんぶ」という言葉を使うが，ひき算になる逆思考の問題を，「はじめにあった量」「増えた量」「ぜんぶの量」の３つの量をテープ図に表すことで，正しく立式し，計算することができる。

### ◢ 本 時 の 問 題

みかんが15こ あります。

何こか 買って きたので，ぜんぶで 32こに なりました。

買って きた みかんは 何こですか。

### ◢ 引 き 出 し た い 見 方 ・ 考 え 方

• 逆思考の問題にある３つの数量とその関係を捉え，テープ図に表すこと。
• かいたテープ図をもとに，立式をし，問題を解決すること。

### ◢ ど の よ う に 見 方 ・ 考 え 方 を 引 き 出 す か

　この問題は逆思考であるが「ぜんぶ」という言葉を使っているため，問題の意味を捉えることができない子どもは，たし算を使って答えを出すことが予想される。こうした意見をあえて取り上げ，15＋32＝47と立式し，答えを出す。この答えでは，買ってきたみかんが多すぎるなどという矛盾を話題にして，「ぜんぶ」を使った問題でもたし算にならないものあることを明らかにする。

　この問題を解決するために，問題にある「はじめ」「買ってきた」「ぜんぶ」という３つの数量とその関係を前時で学習したテープ図に表し，立式をする。

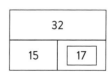

文章題を解くときには，「あわせて」「ぜんぶ」などの言葉だけでなく，問題にある数量の表す意味や関係を捉え，テープ図などを使って表し，それをもとに立式をし，問題を解決する力を育てていく。

### 本時の流れ

1. 「『ぜんぶ』だから，たし算かな？」

　まず，前時で行った活動を振り返った。

「色紙がぜんぶで60枚あります。赤い色紙35枚と青い色紙25枚です」

という場面を下のよう名テープ図に表した。教室に掲示した，下の図を使い，

| 赤　35まい | 青　25まい |

ぜんぶで　60まい

「ぜんぶ」を求めるときには，35＋25＝60というたし算を使い，「部分（赤い色紙）」を求めるときには，60－25＝35というひき算を，また，「もう1つの部分（青い色紙）」を求めるときには60－35＝25というひき算を使うことを確認した。

　そのあと，次の問題を提示した。

　みかんが15こ あります。
　何こか 買って きたので，ぜんぶで 32こに なりました。
　買って きた みかんは 何こですか。

　子どもたちは，たし算とひき算のどちらを使うか話し始めた。

「ぜんぶ」とかいてあるから，たし算になりそう。

でも，たし算をしたら答えが多くなりすぎない？

じゃあ，ひき算？

たし算なのか，ひき算なのかわからない！

　ここでは，「ぜんぶ」という言葉に着目して，たし算になりそうだという意見を取り上げ，この問題に出てくる2つの数字を足してみることにした。

## 2. 「試しに，問題にある2つの数を足してみよう」

試しに，問題にある2つの数を足してみましょう。

　たし算を教師が提示し，式と答えを板書した。

　　15＋32＝47　　　　　　　　　　　答え　47こ

47こも買ってくるの？　多すぎない？

「ぜんぶで32こ」と書いてあるから，
買ってくるのは，それより少ないはず。

ひき算32－15＝17にすれば，買っ
てきたみかんの数になりそう。

たし算でないならひき算でやればいいの？

どうして,「ぜんぶ」と書いてあるのにひき算になるのかな?

テープ図を使えば, ひき算になるわけがわかると思う。

　あえて, たし算で答えを出してみることで, この問題が「ぜんぶ」という言葉を使っているのに, たし算ではないことや, ひき算を使えば, 答えが出せそうなことを, 子どもたちと確認することができた。

　この後, この問題の答えが, どうしてひき算で求められるかを, 前時に学習したテープ図を使って考えていくことにした。

## 3. 「どうして『ぜんぶ』なのに, ひき算にするの?」

> どうして,「ぜんぶ」とかいてあるのにひき算で答えが出せるのか, テープ図を使って説明しよう。

　まず, この問題をそれぞれが図に表す活動の時間をとった。

　多くの子どもたちは, 問題文になる「何こか買ってきたので」をどう表現していいかわからず, 困っていた。また,「ぜんぶ」をどこに書いていいかわからずにいる子もいた。そこで, 数量関係を捉えるため, この問題を見直し, 3つの数量を順番に図に表していくことにした。

　最初から, 上手く図をかいている子を指名するのではなく, 図をかけないでいる子に困っていることを発表させた。

　すると,

「『何こか買って きたので』をどう表していいかわからない」

「何こかわからないから, 図にかけない」

「『ぜんぶ』を図のどこにかいていいかわからない」

などと，困っていることを発表していった。

これに対して，図をかいている子は，

「何こかわからないけど，買ってきたから『□こ』としておけばいい」

「これは，『買ってきた数』が答えになる問題になる」

「『はじめにあった15こ』と『買ってきた数』を足すと，『ぜんぶの32こ』になる」

などと言いながら，3つの数量とその関係を，図に表していった。

> みかんが15こ あります。
> 何こか 買って きたので，ぜんぶで 32こになりました。
> 買って きた みかんは 何こですか。

① 「みかんが15こあった」

はじめのみかん15こ

「何こか買ってきた」ってどこにかくの？

何こかわからなければ，図にかけない。

② 「何こか買ってきたので，」

はじめのみかん15こ　　買ってきたみかん　□　こ

わからなければ，　□　にすればいい。

③ 「ぜんぶで，32こになった」

はじめのみかん15こ　　買ってきたみかん　□　こ

ぜんぶで　32こ

「ぜんぶ」の数は，わかっている。

## 4.「『ぜんぶ』と書いてあるが，ひき算になるわけは？」

　どうして，この問題が，ひき算になるのかを，子どもたちに問うと，
「『ぜんぶ』を求める問題はたし算になるが，この問題は『ぜんぶ』がわかっているからひき算になる」
「この問題は，『ぜんぶ』と『はじめ』の数から，『買ってきた数』を求める問題だから，ひき算になる」
など，数量の表す意味や関係に着目して，演算決定をしていた。

## 5.「次の問題は,たし算かな？ひき算かな？」(評価問題・ノートのまとめ)

　振り返りの問題を提示する。

> 公園で16人が あそんでいます。
> あとから 何人か 来たので，みんなで25人に なりました。
> あとから 来た 人は 何人ですか。

① 図に表すこと（はじめ16人，あとから ▢ 人，みんなで25人）

② 立式し，解決すること（「あとから」を求める式）
　　25−16＝9
　　16＋□＝25　　　　　　　　　　　答え　9人

本時の授業でわかったことをノートにまとめる。
- 「ぜんぶ」「みんな」と書いてあってもひき算の問題がある。
- 図に書くと，たし算かひき算かすぐわかる。等

# 14 分数

滋賀県草津市立老上西小学校　堀田徹志

## 本時のねらい

30cm平方の床タイルの$\frac{1}{4}$から，$\frac{1}{3}$や$\frac{1}{8}$をつくる過程で，「もとの大きさ＝1」を変えてしまうと分数の大きさが変わってしまうことに気が付き，分数への理解を深める。

## 本時の問題

$\frac{1}{4}$ゲームをおもしろくするために，$\frac{1}{3}$ゲームや$\frac{1}{8}$ゲームをつくってみよう。

## どのような見方・考え方を引き出すか

① 「もとにする量＝1」「〜個に分けた□個分」など分数の基本的な用語を活用することで，分数を扱う場面を説明できると考えること。

② もとにする量を半分にしたら$\frac{1}{2}$，さらに半分にしたら$\frac{1}{4}$……という乗法及び除法の見方の素地を深める。

③ 身近なものを利用して「分数のモデル」として捉える見方を引き出すこと。

## どのように見方・考え方を引き出すか

①②については$\frac{1}{4}$ゲームというゲームを子どもたちとやってみる。このゲームはゲーム数が少ないうえ，ほとんどが引き分けになるため面白さに欠ける。そこで子ども自身から$\frac{1}{3}$ゲームや$\frac{1}{8}$ゲームをつくってみたいという気持ちを引き出し実際につくってみる。①は操作が難しい$\frac{1}{3}$ゲームをつくる過程で必ずもとの大きさを変えてしまう子どもが出てくるので，そのずれを利用して分数の基本的な知識を深めたい。②は$\frac{1}{8}$ゲームをつくる過程で子ども自身が気が付いていくようにしていきたい。

また、③については30cm×30cmの正方形を活用していきたい。これは一般的に教室でよく使われる床板と同じ大きさであり、4等分されていることが多い。普段からよく扱う形や大きさを使うことで分数をより身近な数字として捉えさせたい。

## ～分数ゲーム（$\frac{1}{4}$ゲーム）～

正方形の紙（30cm×30cm・教室のタイルと同じ大きさ）を1とし、その紙を2～8等分する（今回は4等分）。じゃんけんをして、勝ったら$\frac{1}{4}$に色が塗れる。あいこの場合は両方が$\frac{1}{4}$に色を塗れる。

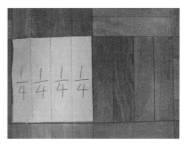

何回かじゃんけんを繰り返し、$\frac{3}{4}$以上に色を塗った方が勝ちとなる。

①じゃんけんをする。　　②勝ちとあいこは色を塗る。

 →

### 本時の流れ

1. 「$\frac{1}{4}$ゲームをもう一度やってみよう」

まず既習の$\frac{1}{2}$をつくり、さらに$\frac{1}{4}$をつくる。この過程を子どもに説明させていくと……

「まず、正方形の紙を用意するんだよ」「これは教室のタイルと同じ大きさだよ」と説明を始めた。

そこで、

T：この大きさをなんていうのだったかな？

と聞くと、「1です」「もとにする量の1です」とすらすらと答えられた。

さらに、$\frac{1}{2}$と$\frac{1}{4}$については、

「1（紙）を半分にしたら$\frac{1}{2}$になるよ」

「その半分をもう１回半分にしたら$\frac{1}{4}$だよ」

と子どもたちが説明できた。そこで，もう一度$\frac{1}{4}$ゲームのルールを子どもたちに聞くと……。

「じゃんけんで勝つか，あいこなら$\frac{1}{4}$もらえるよ」「半分以上を取ったら勝ちなんだよ」と説明できた。さらに，

T：じゃあこの$\frac{1}{4}$の大きさは１を４つに分けたものだね。これを何個取れば勝てるの？

と聞くと，「４つに分けたものを３つ分取ったら勝ちだよ」と答えが返ってきた。

　このように，既習のゲームを説明する中でこの学習の鍵となる，

「もとにする量＝１」「〜個に分けた□個分」

といった言葉を子どもから引き出し，整理することが重要であると考える。

　ここでさらに……，

「$\frac{1}{4}$ゲームはどうやってつくるの？」と問いかける。

「$\frac{1}{2}$をさらに半分にしたらつくれるよ」「もとの１を半分にしたら$\frac{1}{2}$。それをさらに半分にしたら$\frac{1}{4}$」

## 2. 「この$\frac{1}{4}$ゲーム……面白くできないかな？」

　実際に$\frac{1}{4}$ゲームをやってみた。子どもたちは最初は勢いよく始めるが……。

「また引き分けだね」「これ……面白くないね……」

と不満そうな顔をする子が増えていった。そこで，

T：どうしたの？　何か気が付いたことがあるの？

と聞くと，

「何回やっても引き分けばかりだよ」

「すぐにゲームが終わってしまうよ……$\frac{1}{4}$ゲームをつくるほうが大変」

といろいろと不満が出てきた。そこで，

T：みんなの不満は　①引き分けが多いこと　②ゲームがすぐ終わること　の

2点だね。

と，問題点を整理した。

T：じゃあ，この$\frac{1}{4}$ゲーム……面白くできないかな？

と聞くと，「$\frac{1}{8}$ゲームをつくりたい！」という子が何人か出てきた。

　しかし……，

「$\frac{1}{8}$ゲームでも引き分けは出るよ。引き分けをなくしたいの」

という意見の子もいたので，

T：では，新しい紙を渡すので，$\frac{1}{8}$ゲームと引き分けをなくすゲームで，それぞれゲームをつくってみてください。

と活動を始めた。

## 3. $\frac{1}{8}$ゲームでも引き分けが出るその理由を説明する

　最初に$\frac{1}{8}$ゲームをつくった子どもの考えを学級全体で交流した。

「$\frac{1}{4}$をさらにもう半分にしたら$\frac{1}{8}$ができるよ」

と，$\frac{1}{8}$ゲームは既につくっている子もいて，つくり方は問題なくわかったようだ（※さまざまな$\frac{1}{8}$ができるが全て許容した）。

　しかし，予想通りに引き分けが出てしまう。そこで，

T：どうなったら引き分けになってしまうのかな？

と問い返した。

「$\frac{1}{8}$を4個ずつ取ったら引き分けになるよ」「$\frac{1}{4}$を2個ずつ取った時と同じだよ」「$\frac{1}{2}$と同じ大きさになったら引き分けになる」

と，たくさんのことに気付くことができた。

　このように，ゲームの改良という目的のもと，無理なく発展的な思考を深めることができた。また，それを友だちに説明する機会をつくることで分数の基本的な用語への理解が深まった。

## 4. $\frac{1}{3}$ゲームをつくってみる

T：引き分けをなくすためにはどうしたらいいのかな？

と聞くとすぐに，

「同点になる可能性をまずなくしたらいいね」

「1を3つに分けてみたい」

と，3つに分けて $\frac{1}{3}$ をつくることを考えた。

　そこで新しい紙を折りながらつくるが上手にできない。そしてこのような $\frac{1}{3}$ ゲームをつくった。

**【ケース1】**

T：これで $\frac{1}{3}$ ゲームができたね！

C：いや……先生なんかおかしいよ？

C：大きさが違うよ！

C：分数はいつも同じ大きさに分けているよ！

T：そうか……では，同じ大きさの $\frac{1}{3}$ をつくらないといけないね。

　ここでは，「分数は等しい大きさに分けなければいけない」ということの理解を深めることができていた。

　次に子どもたちははさみを持ち出しこのような $\frac{1}{3}$ ゲームをつくった。

**【ケース2】**

T：これなら引き分けのない $\frac{1}{3}$ ゲームだね！

C：なるほどね……。

C：でも何か違うよ？

C：大きさが違う！

C：教室のタイルと比べてみよう。

C：もとの大きさより小さくなっているよ。

C：このゲームは $\frac{1}{4}$ が3つ分あるゲームだね。

　ここでは，子どもたちから，「もとの大きさを変えてしまうと分数の大きさ

が変わってしまう」という考えを引き
出せていた。

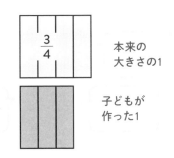

　最後に子どもたちは，布団の３つ折
りを知っている子の知識をもとに，も
との大きさ（正方形１枚）を変えない
で，それを３等分することで，$\frac{1}{3}$ ゲーム
をつくることができた。

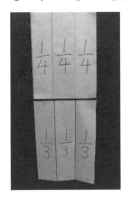

「$\frac{1}{4}$ ゲームを面白くする」➡「$\frac{1}{8}$ や $\frac{1}{3}$ をつくる」
という活動を通して子どもたちは自分で分数の基本的
な用語を，意味を見つけ，理解を深めることができた。

特に，もとの大きさ＝１（今
回は教室のタイル１枚）を変
えると分数の大きさが変わる
という見方，考え方が働いて
いる場面である。

## 5. ゲーム数を増やして，引き分けもなくしたい

　授業の終わりには次のゲームについて考えた。
「まだ，ゲーム数を増やして，引き分けもないゲームができていない！」
　そこでどんなゲームをつくりたいかと聞くと……。
「$\frac{1}{6}$ ゲームや $\frac{1}{12}$ ゲームならすぐできる。また半分にしたらいいよ」
「でも，それは……引き分けができるのではない？」
「$\frac{1}{5}$ ゲームや $\frac{1}{7}$ ゲーム……$\frac{1}{11}$ や $\frac{1}{13}$ でもいいけど……」
「つくるのが難しそうだね。次の授業までに考えたい！」
と，より発展的に思考する姿が見られた。つくる操作が難しい $\frac{1}{3}$ であるが，
実際につくってみることで，より分数について理解しようと思考する姿が引
き出せた。

# 15

## 箱の形

高知市教育委員会学校教育課　中川弘子

### 本時のねらい

　組み立てると箱の形になるかどうかを考える活動を通して，図形を構成する要素に着目し，構成の仕方を考え，表現することができる。

### 本時の問題

　組み立てると「はこの形」になるものはどれですか。また，「はこの形」になならないものは，どこを直すとつくれますか。

### どのような見方・考え方を引き出すか

　面の数や面の形，辺などの図形を構成する要素に着目し，同じ長さの辺をつないだり，向かい合う面の形は同じ形になるようにしたりすると箱の形ができそうだと考えること。

### どのように見方・考え方を引き出すか

　本時では，直方体の箱を写し取った面をつなぎ合わせた図を4種類（次ページ①〜④）提示し，組み立てると箱の形になるものはどれか，また，箱の形にならないものはどこを直すと箱の形になるのかを考える場面を設定する。提示する4種類の形を，①同じ形の面が隣り合ってつなぎ合わされているもの，②面の数が5枚のもの，③面の数が7枚のもの，④箱の形になるものにすることで，子どもたちは自然に面の数や形，そして辺の長さに着目する。

　そこで，はじめに「組み立てたとき，これは絶対，箱の形にならないと思うものはどれですか？」と問うことで，「箱の形は6枚の面でできているから，これは5枚しか面がないので，箱の形にはならない」等の前時までに学習したことを使って考えていく子どもの姿を引き出していく。

さらに、「どこを直すとつくれますか？」と問うことで、図形を構成する要素に着目させていきたい。

### ■ 本時の流れ

### 1. 「組み立てたとき，これは絶対箱の形にならないと思うものはどれ？」

本時は、「はこの形」の学習の3時間目として扱う。第1時で子どもたちは、身の回りにある箱の形を観察し、箱は長方形や正方形でできていることを見いだし、この長方形や正方形の部分を「面」ということを学習した。第2時では、実際に箱をつくるために、箱の形（直方体）とさいころの形（立方体）の面の形を写し取り、写し取った面を比較することで、それぞれの面の形や数について学んでいる。

本時では、まず右の直方体を見せ、「組み立てると、この箱の形になるものはどれでしょう」と問いかけ、下の4種類の図を提示する。

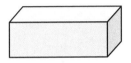

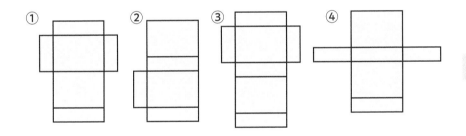

少し間をおいて、「組み立てたとき、これは絶対、箱の形にならないと思うものはどれですか？」と問う。子どもは、箱の形にできる理由を考えるよりも、箱の形にならない理由を考える方が説明しやすいと考えたからである。

子どもたちは提示された図を見て、頭の中で箱を組み立てようと必死にイメージしている。そして、子どもの中に、図を手元にほしいという思いが生まれてから、①〜④の図を印刷したプリントを配付する。すると、「あっ、②は箱の形にならないよ」と一人の子がつぶやく。その声を聞いて、「あっ本当

だ！」と反応する子どもが何人か現れる。

　そこで、「Aさんはさっき、②は箱の形にならないって言ったけれど、どのように考えたのかな」と全体に投げかけ、まず②の図に焦点をあてる。一部の子どもの気付きを学級全体で考える場とすることで、全員が見方・考え方を働かすことができるようにするためである。いち早く面の数に着目した子どもは、話したくて仕方がない様子だ。ここで、学級全体へ広げるために、気付いた子どもにヒントを出させるようにした。

　　Aさんがどのように考えたのか、ヒントを出せる？

面。

面の数。

わかった！　箱の形は面が6枚なのに、
5枚しかないから、箱にならない。

　一人の子どもが気付いたことを取り上げ、他の子どもからのヒントをつなぎながら共有させていくことで、子どもたちは、「箱の形の面の数は6枚だから、面が5枚では箱の形はできない」と考えることができた。

　次いで、「じゃあ、③も……何だか変だよ」と言う子どもが現れる。②の図のとき、面の数に着目した子どもたちは、③の図に違和感を抱いている。子どもの中に話したいという思いが生じたので、近くの友だちと相談する時間を設けた。すぐに何人もの子どもが挙手をする。考えていたことに確信がもてたのだ。ここでも子どもたちは面の数に着目し、「箱の形の面の数は6枚なのに、③は面の数が7枚あるから、箱の形にはならない」「箱の形にはなるけれど、最後の面が重なってしまう」と見方・考え方を働かせ表現することができた。

　ここで、「これまでにみんなが考えたことを一度整理しておくよ」と言って、

「②は面の数が5枚で，1枚足りない」「③は面の数が7枚で，1枚多い」と板書する。

## 2. 「どこを直すと箱の形がつくれますか？」

　続いて，「はこの形にならないものは，どこをなおすとつくれますか」と問題文の続きを板書する。子どもからはすぐに，「②は面を1枚増やせばいいよ」「③は1枚取るといい」等，面の数6枚に着目した意見が返ってくる。

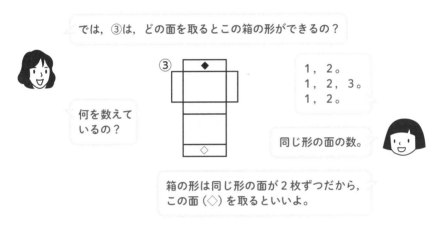

では，③は，どの面を取るとこの箱の形ができるの？

1，2。
1，2，3。
1，2。

何を数えているの？

同じ形の面の数。

箱の形は同じ形の面が2枚ずつだから，この面（◇）を取るといいよ。

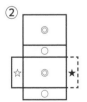

　③の場合，◆の面をのけてもよいのだが，子どもは◇の面のみを捉えていた。

　「②は，面の数が1枚足りないって言っていたけれど，どの面をどこに増やすといいの？」と問いかける。子どもは直観的に，★の位置に面を1枚増やせばよいと考えている。そこで，「どうして？」と，その根拠を尋ねることで，子どもたちが直観的に捉えたことを，同じ形の面に着目して，同じ形の面は向かい合う位置にあることを表現させていく。

　一人の子が，「だって，箱の形には同じ形の面が2枚ずつあって，◎の面が2枚，○の面が2枚，でも，☆の面だけが1枚だから，☆の面を1枚増やせ

ばいいよ」と説明すると，みんな大きくうなずいている。続けて，「場所はこ
こでいいの？」と問うと，子どもたちは，両手で向かい合う面を表現しなが
ら，「組み立てたとき，ちょうど反対になって向き合うから大丈夫」と説明す
ることができた。

## 3. 「どうすれば，箱の形がつくれるようになるかな？」

　残りの①・④の図は面の数が6枚なので，箱の形はできると判断している
子どもが多い。この時点で面の位置に着目できている子どもはいない。そこ
で，「①も④も面の数は6枚だから，箱の形はつくれるよね」と確認し，「で
は，実際につくってみよう」と言って，面と面をつなぎ合わせてできた①と
④の形を二人に1セットずつ配付した。

　すると，すぐに「あれ？　箱の形にならない」「箱の形になった！」とあち
こちから聞こえてくる。「えっ？　箱の形になったの？　ならないの？　どっ
ち？」ととぼけると，「④は箱の形になったけれど，①はならない。①は箱に
なると思っていたのに……」と意外な結果に戸惑っている子どもがいる。そ
こで，①の図の面を指しながら，次のように問いかけた。

> 面の数が6枚。同じ形の面が2枚ずつあるから，
> はこの形はできるんじゃないの？

> ううん。組み立てたときに長さが違うよ。

> 長さが違うって，どこの長さのこと？

> ここ（太線）とここ（点線）の長さが違う。

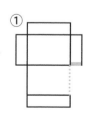

①

子どもたちが，組み立てたとき重なる辺の長さが違っていることを，図を指さしながら表現したので，「何の長さと言えばいいかな？」と再度問いかけた。子どもからは，「辺の長さです」と返ってきて，ようやく辺の長さが違うことに着目することができた。ここで，組み立てたときに重なる辺が同じ長さでないと箱の形にならないことが確認できた。

　そして，面をどのようにつなぐと箱の形がつくれるかが課題となる。

どうすれば，箱の形がつくれるようになるのかな？

この面（◎）とこの面（○）を入れ替えるとできるよ。

同じ形の面が隣り合わないように一つとばしでつなげるといいね。

　子どもたちは，①について，初めはパッと見て箱の形にできると判断していた。けれども，箱の形に組み立てる活動を行いながら観察することで，辺の長さや同じ形の面に着目し（見方），向かい合う面は隣り合わないようにつながなければならないこと（考え方）を子ども自身が見いだしていった。

　本時では，図形を子どもの手元に持たせ，観察したり，構成したり，分解したりする活動を積極的に取り入れたい。このような数学的活動を通して，子どもが見いだしたことと図形とを結びつけ，箱に組み立てるイメージを可視化し，箱の形ができる理由を説明する場面をつくることが大切である。

# 執筆者一覧（執筆順）

| | | |
|---|---|---|
| 山本　良和 | 筑波大学附属小学校 | はじめに |
| 岡田　紘子 * | お茶の水女子大学附属小学校 | 1 |
| 近藤　修史 | 高知大学教育学部附属小学校 | 2 |
| 直海　知子 | 大阪府豊中市立大池小学校 | 3 |
| 毛利　元一 * | 東京都教育庁指導部 | 4 |
| 奥　拓也 | 福岡県川崎町立川崎東小学校 | 5 |
| 桑原　麻里 | 宮崎県宮崎市立大淀小学校 | 6 |
| 土居　英一 | 高知県高知市立潮江南小学校 | 7 |
| 永野由美子 | 高知市教育委員会 | 8 |
| 森　真子 | 福岡県福岡市立舞鶴小学校 | 9 |
| 千々岩芳朗 * | 福岡県田川郡赤村立赤小学校 | 10 |
| 中村　佑 | 宮城県仙台市立八幡小学校 | 11 |
| 木下　幸夫 | 関西学院初等部 | 12 |
| 松村　隆年 * | 常葉大学 | 13 |
| 堀田　徹志 | 滋賀県草津市立老上西小学校 | 14 |
| 中川　弘子 | 高知市教育委員会 | 15 |

＊：2年　編集理事

子どもの数学的な見方・考え方を引き出す算数授業

# 各学年収録単元

## 1年

| # | 単元名 |
|---|---|
| 1 | 仲間づくりと数 |
| 2 | 何番目 |
| 3 | 位置の表し方 |
| 4 | たし算（1） |
| 5 | ひき算（1） |
| 6 | 大きさ比べ |
| 7 | かずしらべ |
| 8 | 10より大きい数 |
| 9 | 3つの数の計算 |
| 10 | ものの形 |
| 11 | 繰り上がりのあるたし算 |
| 12 | 繰り下がりのあるひき算 |
| 13 | 大きい数 |
| 14 | 時計 |
| 15 | たし算とひき算 |
| 16 | たし算とひき算 |
| 17 | 形づくり |

## 2年

| # | 単元名 |
|---|---|
| 1 | グラフと表（データの活用） |
| 2 | たし算の筆算 |
| 3 | ひき算の筆算 |
| 4 | 長さを調べよう |
| 5 | かさ |
| 6 | 時こくと時間 |
| 7 | 計算の工夫 |
| 8 | たし算とひき算の筆算 |
| 9 | 長方形と正方形 |
| 10 | かけ算（1） |
| 11 | かけ算（2）1, 6, 7, 8, 9の段 |
| 12 | 大きな数（4桁の数） |
| 13 | たし算とひき算 |
| 14 | 分数 |
| 15 | 箱の形 |

## 3年

| # | 単元名 |
|---|---|
| 1 | かけ算 |
| 2 | 時刻と時間 |
| 3 | わり算 |
| 4 | たし算とひき算の筆算 |
| 5 | 長さ |
| 6 | あまりのあるわり算 |
| 7 | 大きい数の仕組み |
| 8 | かけ算の筆算 |
| 9 | 円と球 |
| 10 | 小数 |
| 11 | 重さ |
| 12 | 分数 |
| 13 | □を使った式 |
| 14 | かけ算の筆算 |
| 15 | 三角形と角 |
| 16 | 棒グラフと表 |
| 17 | メートル法 |

## 4年

| # | 単元名 |
|---|---|
| 1 | 1億よりも大きい数 |
| 2 | 折れ線グラフ |
| 3 | 二次元の表 |
| 4 | わり算のしかた |
| 5 | 角の大きさ |
| 6 | 小数のしくみ |
| 7 | 小数のたし算・ひき算 |
| 8 | わり算の筆算÷1桁 |
| 9 | わり算の筆算÷2桁 |
| 10 | およその数 |
| 11 | 計算のやくそくを調べよう |
| 12 | 四角形の特徴 |
| 13 | 分数 |
| 14 | 変わり方 |
| 15 | 複合図形の面積 |
| 16 | 小数と整数のかけ算・わり算 |
| 17 | 直方体と立方体 |
| 18 | 差でくらべる・倍でくらべる |

## 5年

| # | 単元名 |
|---|---|
| 1 | 整数と小数の仕組み |
| 2 | 直方体や立方体のかさ |
| 3 | 小数のかけ算 |
| 4 | 小数のわり算 |
| 5 | 形も大きさも同じ図形 |
| 6 | 図形の角 |
| 7 | 整数の公倍数 |
| 8 | 整数と小数・分数の関係 |
| 9 | 異分母分数の加減計算 |
| 10 | ならした大きさ |
| 11 | 単位量当たりの大きさ |
| 12 | 速さ |
| 13 | 四角形と三角形の面積 |
| 14 | 割合 |
| 15 | 変わり方調べ |
| 16 | 正多角形と円周の長さ |
| 17 | 角柱と円柱 |

## 6年

| # | 単元名 |
|---|---|
| 1 | 線対称・点対称 |
| 2 | 数量やその関係の式 |
| 3 | 分数と分数のかけ算 |
| 4 | 分数と分数のわり算 |
| 5 | 割合の表し方 |
| 6 | 形が同じで大きさが違う図形 |
| 7 | 三日月2つ分の面積を求めよう |
| 8 | 角柱と円柱の体積 |
| 9 | およその形と大きさ |
| 10 | 比例 |
| 11 | 反比例 |
| 12 | 組み合わせ |
| 13 | データの調べ方 |
| 14 | データの調べ方 |
| 15 | 文字と式（活用） |
| 16 | ［中学校へ向けて］<br>等式・方程式の素地 |

# 全国算数授業研究会

# 子どもの
# 数学的な見方・考え方が働く
# 算数授業

2年

令和2年3月9日　初版第1刷発行

企画・編集　　全国算数授業研究会

発行者　　　錦織圭之介

発行所　　　株式会社　東洋館出版社

〒113-0021　東京都文京区本駒込5丁目16番7号
営業部　電話03-3823-9206　FAX03-3823-9208
編集部　電話03-3823-9207　FAX03-3823-9209
振替　00180-7-96823
URL http://www.toyokan.co.jp

装丁　　　　新井大輔

編集協力　　株式会社　エディポック

印刷・製本　岩岡印刷株式会社

ISBN 978-4-491-04059-2
Printed in Japan